J.SCHMITT 1964

J.SCHMITT 1964

ŒUVRES COMPLÈTES

DE

SIR WALTER SCOTT.

Traduction Nouvelle.

PARIS,

A. SAUTELET ET C⁰ ET CHARLES GOSSELIN

LIBRAIRES-ÉDITEURS.

M DCCC XXVII.

H. FOURNIER IMPRIMEUR.

ŒUVRES COMPLÈTES

DE

SIR WALTER SCOTT.

TOME SOIXANTE-DEUXIÈME.

IMPRIMERIE DE H. FOURNIER,
RUE DE SEINE, Nº 14.

REDGAUNTLET,

ROMAN DU DIX-HUITIÈME SIÈCLE.

> « Allez, mon maître, allez: toujours franc et fidèle
> « Jusqu'à mon dernier jour je vous suis avec zèle. »
> SHAKSPEARE. *Comme il vous plaira.*

TOME SECOND.

(Redgauntlet, a tale of the eighteenth century.)

REDGAUNTLET.

(Redgauntlet.)

CHAPITRE PREMIER.

NARRATION.

L'avantage de pouvoir mettre sous les yeux du lecteur, dans les propres termes des personnages eux-mêmes, le récit de leurs aventures, a donné une grande vogue à certaines correspondances publiées par des auteurs célèbres que nous avons voulu imiter dans la partie de cet ouvrage qui précède. Néanmoins, une correspondance authentique de ce genre, et à Dieu ne plaise que nous nous y permettions la moindre interpolation, peut rarement contenir tout ce dont il est nécessaire que le lecteur soit informé pour comprendre parfaitement l'histoire. Il doit aussi arriver souvent que, dans le cours d'un semblable commerce épistolaire, des longueurs et des redites retardent la marche de la narration. Pour obvier à cet inconvénient, certains biographes se sont servis des lettres des personnages intéressés, ou en ont fait des extraits pour introduire des incidens particuliers, ou exprimer les sentimens qui les animaient, et ils y ont ajouté les supplémens nécessaires pour nouer le fil de l'histoire.

C'est ainsi que les hardis voyageurs, gravissant le sommet du Mont-Blanc, s'avancent tantôt si lentement sur la neige qui s'enfonce sous leurs pieds, que leur marche est presque imperceptible, et tantôt abrègent leur chemin en sautant légèrement, à l'aide de leurs longs bâtons de pèlerins, par-dessus les fentes et les crevasses qui s'opposent à leur passage; ou, pour employer une comparaison plus précise, le genre de narration que nous adoptons, quant à présent, ressemble à l'ancienne discipline des dragons, qu'on habituait à servir à pied ou à cheval, suivant que le bien du service pouvait l'exiger. Après cette explication, nous allons faire part à nos lecteurs de quelques circonstances dont Alan Fairford n'informa pas son correspondant, et dont il ne pouvait l'informer.

Nous nous flattons que nos lecteurs se sont formé une idée à peu près distincte du caractère des principaux personnages que nous avons fait paraître devant eux jusqu'ici; mais dans le cas où la bonne opinion que nous avons conçue de leur sagacité serait exagérée, et pour mettre à l'aise ceux qui ont contracté la louable habitude de feuilleter un livre au lieu de le lire, ce qui nous arrive quelquefois à nous-même, les détails suivans ne seront pas inutiles.

M. Alexandre Saunders Fairford, comme on l'appelait communément, était un homme d'affaires de la vieille roche, modéré dans ses mémoires de frais, économe, et même un peu plus qu'économe dans ses dépenses; probe jusqu'au scrupule en conduisant ses affaires et celles de ses cliens, mais ayant appris par une longue expérience à examiner la conduite des autres avec l'œil de la méfiance et du soupçon. A l'instant où la cloche de Saint-Giles sonnait neuf heures, on voyait le petit vieillard, encore frais et dispos, arriver ponctuellement à la porte d'entrée de la cour de justice, ou du moins au bas de l'escalier de derrière. Il était proprement vêtu d'un habit complet de drap couleur de tabac; portait des bas de soie ou de laine, suivant la saison, une perruque à trois marteaux, un petit chapeau à cornes, des souliers aussi noirs et aussi luisans que s'ils eussent été vernissés par le cirage de Warren (1), des boucles d'argent aux pieds, et un col attaché par une boucle d'or; une fleur à sa boutonnière en été, un brin de houx en hiver, complétaient son costume, connu de tout Édimbourg.

Ses manières répondaient à cet extérieur, c'est-à-dire étaient d'une civilité presque affectée; car le brave homme était un peu formaliste. Il était un des anciens de l'Église (2), par conséquent plein de zèle pour le roi

---

(1) Fameux fabricant de cirage anglais, dont le charlatanisme est vraiment curieux; Day et Martyn sont ses rivaux dans ce commerce. Ces gentlemen emploient souvent des hommes de lettres pour versifier leurs annonces, et lord Byron lui-même fut accusé par ses ennemis d'avoir dégradé son beau talent jusqu'à *faire mousser* (*to puff*) le cirage de Warren. — Éd.

(2) On nomme *anciens* dans l'église presbytérienne ceux qui

Georges et le gouvernement, *usque ad mortem*, ce qu'il avait prouvé en prenant les armes pour leur défense. Cependant, comme il avait des cliens et des relations d'affaires dans des familles dont les sentimens politiques étaient tout différens, il mettait un soin tout particulier à employer ces phrases de convention que la civilité du temps avait imaginées comme un langage admissible entre les deux partis. Ainsi, il parlait quelquefois *du Chevalier*; mais il ne le nommait jamais *le Prince*, parce que c'eût été sacrifier ses principes; ni *le Prétendant*, parce que c'eût été offenser ceux des autres. Il désignait la rébellion comme l'*affaire* de 1745; et s'il avait à parler de quelqu'un qui y eût pris part, il disait qu'il était *sorti de chez lui* (1) à une certaine époque. Aussi, M. Fairford était-il, au total, un homme généralement aimé et respecté des deux partis, quoique ses amis n'eussent pas été fâchés qu'il eût donné à dîner un peu plus fréquemment, attendu que sa cave contenait d'excellens vins vieux, qu'il ne prodiguait pas même en pareilles occasions.

Après la douce habitude de sa besogne de tous les jours, le seul plaisir de ce vieillard exact et méthodique consistait dans l'espoir de voir son fils Alan atteindre ce qui, aux yeux du père, était l'apogée des honneurs, le grade d'avocat et une réputation de science et d'intégrité. C'était son vœu le plus cher en faveur de ce fils, gage unique d'une union trop tôt brisée par la mort.

Chaque profession a ses idées particulières sur les honneurs du monde; et l'esprit de M. Fairford était si

---

sont chargés de l'administration civile et religieuse de l'église de chaque paroisse. Voyez les notes du tome Ier de *Waverley*. — Éd.

(1) He had been *out*.

borné ou si exclusif dans les siennes, qu'il ne pouvait fixer les yeux que sur le but que son état présentait à l'ambition. Il aurait frémi s'il avait vu Alan aspirer à la renommée d'un héros; il aurait souri avec dédain si ce fils avait voulu se couvrir le front des lauriers stériles de la littérature; ce n'était que par le chemin du barreau qu'il désirait le voir s'élever à la gloire; et l'espoir et la crainte de le voir réussir ou échouer étaient l'unique sujet des pensées de son père pendant le jour, et de ses rêves pendant la nuit.

Le caractère et les talens d'Alan Fairford étaient faits pour encourager cette attente : à une vivacité naturelle d'intelligence, il joignait l'habitude d'un zèle patient pour de longues études. Cette habitude, il la devait sans doute en grande partie à la discipline stricte de la maison paternelle, à laquelle il se conformait, en général, avec la plus grande docilité, ne témoignant jamais le désir d'avoir de plus fréquens intervalles de délassement que les restrictions sévères de son père ne lui en accordaient; ou si par hasard il lui arrivait de se permettre quelque petite folie de jeunesse, M. Fairford avait assez d'indulgence pour en rejeter le blâme sur son compagnon, plus léger et plus dissipé, Darsie Latimer.

Comme nos lecteurs le savent déjà, M. Fairford avait reçu ce jeune homme dans sa maison à une époque où l'état de santé faible qui l'avait privé si promptement d'une épouse semblait aussi se montrer dans Alan; ce qui le disposait à accueillir favorablement les moindres désirs de son fils. Le jeune Anglais était en état de payer une pension très-raisonnable; mais cette considération n'entrait pour rien dans les calculs du vieux

Fairford : il lui suffisait que la présence de son compagnon parût rendre Alan heureux et enjoué. Il était forcé d'avouer que Darsie était un garçon qui avait de l'intelligence, quoiqu'il ne fût pas assez rangé ; et il aurait trouvé quelque difficulté à se débarrasser de lui, et des craintes que sa légèreté lui inspirait, sans la fantaisie qu'il eut de faire l'excursion qui donna lieu à la correspondance précédente. M. Fairford se félicita secrètement de cette circonstance qui séparait Alan d'un compagnon trop dissipé par lequel il aurait pu être distrait des devoirs d'une profession aride et laborieuse.

Mais l'absence de Darsie fut bien loin de produire ce que M. Fairford en attendait, et qu'il désirait tant. Les jeunes gens étaient unis par les liens d'une intimité d'autant plus étroite, que ni l'un ni l'autre ne cherchait à former aucune liaison. Tous deux fuyaient en quelque sorte la société : c'était dans Alan l'effet d'un caractère réservé ; Darsie était plutôt sous l'influence d'un sentiment pénible de honte, occasioné par le voile épais qui couvrait sa naissance et sa situation dans le monde, circonstance doublement affligeante dans un pays où chacun, grand ou petit, est généalogiste de profession. Les deux jeunes gens étant tout l'un pour l'autre, il n'était pas étonnant que leur séparation eût été pénible, et que les effets qu'elle produisit sur Alan allassent plus loin que M. Fairford ne s'y attendait, surtout quand au chagrin causé par le départ de son ami se joignit l'inquiétude occasionée par le contenu de ses lettres. Il continua pourtant à se livrer à l'étude, à remplir ses devoirs comme par le passé, et à se mettre en état de subir ses examens ; mais ce n'était plus avec le zèle et l'ardeur qui l'animaient auparavant ; aussi son père, qui l'observait toujours avec une attention inquiète, ne vit que trop clairement que le cœur de son fils était avec son ami absent.

Un philosophe aurait cédé à ce torrent impétueux de sensibilité, dans l'espoir que la violence s'en serait calmée d'elle-même ; il aurait permis aux jeunes gens de passer quelque temps ensemble afin que leur intimité se relâchât par degrés ; mais M. Fairford préféra le moyen plus direct d'une contrainte prolongée, qu'il désirait pourtant voiler de quelque prétexte plausible. Il avait communiqué l'inquiétude qu'il éprouvait à cet égard à une de ses anciennes connaissances, Pierre Drudgeit, dont le lecteur a déjà trouvé le nom dans les pages qui précèdent.

— Alan perd l'esprit, lui dit-il, et cela ne fait qu'empirer de jour en jour. Je m'attends à chaque instant à le voir s'envoler comme une oie sauvage pour courir après cet écervelé de Latimer. Will Sampson, le maquignon de Candlemaker-Row, m'a donné à entendre qu'Alan était venu voir ses chevaux pour trouver un bidet qui lui convînt, pour aller quelques jours à la campagne. M'y opposer directement ! je ne puis m'y résoudre ; car je n'ai pas oublié de quelle manière sa pauvre mère m'a été enlevée. Je voudrais qu'il fût enchaîné à quelque affaire qui lui donnât du fil à retordre, peu m'importerait qu'il fût bien ou mal payé ; je désirerais seulement qu'il pût être cloué à sa besogne au moins jusqu'à la fin de la session actuelle, et qu'il lui fût décemment impossible de la quitter.

Pierre Drudgeit entra parfaitement dans les vues et les sentimens de son ancien ami, car il avait un fils qui, bon gré mal gré, avait failli préférer l'uniforme bleu à paremens blancs de la marine, aux bouts de manche de futaine qui couvraient celles de son habit pour les garantir des taches d'encre. Il lui conseilla donc, comme le lecteur le sait déjà, d'engager Alan à se charger de la cause de Pierre Peebles, que le jeune Dumtoustie venait d'abandonner; ce qui servirait en même temps à couvrir la désertion de celui-ci; et ce serait le moyen, ajouta Drudgeit, de faire d'une pierre deux coups.

D'après ces explications, le lecteur jugera bien qu'un homme qui avait le bon sens et l'expérience de M. Fairford n'était pas tourmenté par cette curiosité impatiente et dangereuse qui fait que des enfans jettent un jeune chien à l'eau uniquement pour voir si le pauvre animal pourra nager. Quoiqu'il fût plein de confiance dans les talens de son fils, qui n'en manquait vraiment pas, il aurait été fâché de lui imposer la tâche de plaider une cause difficile et compliquée pour son début, s'il n'avait cru que c'était le seul moyen de l'empêcher de faire une démarche qu'il regardait comme fatale, au moment où il entrait dans la carrière du barreau.

Entre deux maux, M. Fairford choisit donc celui que son imagination lui représentait comme le moindre, agissant comme un brave officier qui ordonne à son fils de monter à l'assaut, et qui préfère l'exposer à mourir sur la brèche, plutôt que de le voir quitter le champ de bataille avec déshonneur. Mais il ne l'abandonna pas sans secours à ses propres moyens. Comme Alphée, précédant Hercule, nettoya l'étable d'Augias, il débrouilla lui-même le procès de Pierre Peebles. Ce fut même pour le vieillard un travail auquel il se livra avec une sorte de plaisir, que de placer sous un point de vue clair et lumineux une affaire dont l'insouciance et l'incapacité des procureurs qui en avaient été chargés avant lui avaient fait un chaos confus de termes techniques inintelligibles; à force de peines et de soins, il se vit en état, au bout de deux ou trois jours, de présenter au jeune avocat les principaux faits de l'affaire sous l'aspect le plus simple et le plus facile à saisir. Avec l'aide d'un procureur si affectionné et si infatigable, Alan, le jour fixé pour la plaidoirie, sentit assez de confiance en lui-même pour se rendre à la cour de justice sous l'auspice encourageant de son père, avec l'espoir que cette espèce d'audace ne nuirait pas à sa réputation : pour M. Alex. Fairford, il n'était pas sans quelque inquiétude.

A la porte de la salle d'audience, ils rencontrèrent le pauvre Pierre Peebles, avec sa petite perruque et son grand chapeau, suivant son usage. Dès qu'il les aperçut, il courut au jeune avocat comme un lion s'élance sur sa proie. — Comment vous en va, maître Alan? comment vous en va? Voilà enfin le grand jour arrivé! un jour dont on parlera long-temps dans cette cour de justice. Pierre Peebles contre Plainstanes. Six procès réunis, devant la haute cour, en tête du rôle pour aujourd'hui! je n'ai pas dormi de toute la semaine à force d'y songer, et j'ose dire que le lord président n'a pas mieux dormi lui-même; car une cause semblable... Mais à propos, votre père m'a fait boire un coup de trop l'autre soir. Il ne faut jamais mêler l'eau-de-vie avec les affaires, maître Fairford; je me serais complètement grisé si j'avais bu autant que vous m'y engagiez tous les deux. Mais il y a temps pour tout; et après la plaidoirie, si vous voulez venir dîner avec moi, ou, ce qui est la même chose, et peut-être encore mieux, si vous préférez que j'aille dîner avec vous, je ne refuse pas de boire quelques coups d'eau-de-vie, pourvu que ce soit avec modération.

Le vieux Fairford leva les épaules et continua son chemin, les yeux fixés avec délices sur la robe noire de son fils. Lui appuyant doucement la main sur l'épaule, il lui dit à demi-voix de s'armer de courage, et de se montrer digne de porter ce vêtement honorable. Ils entrèrent alors dans la salle extérieure (1) de la cour de justice (jadis lieu des séances du parlement d'Écosse), et qui sert au même usage que Westminster-Hall à Londres (2), étant en quelque sorte le vestibule de la salle d'audience, sous la juridiction de certains personnages sédentaires nommés Lords Ordinaires (3).

Fairford employa le délai qui s'écoula avant l'ouverture de l'audience à répéter à Alan toutes les instructions qu'il lui avait déjà données, et à courir d'une personne à l'autre quand il apercevait des individus de qui il espérait pouvoir obtenir quelques renseignemens sur les faits principaux ou accessoires de l'affaire. Pendant ce temps le pauvre Pierre Peebles, dont le cerveau dérangé était incapable de sentir l'importance de ce moment, restait attaché comme une ombre au côté de son jeune avocat, affectant de lui parler tantôt à voix haute,

(1) *Outer Hall.* — ÉD.
(2) Ou la salle des Pas Perdus, au Palais de Justice, à Paris.
ÉD.

(3) La cour des sessions est divisée en deux chambres, et celle qui siège dans l'*outer-court* s'appelle la cour des juges ordinaires ; c'est celle qui juge certains procès en première instance, ou examine probablement ceux qui sont destinés pour la première chambre siégeant dans l'*inner-court* (cour intérieure). — ÉD.

tantôt à l'oreille et tantôt ornant son visage sombre et maigre d'un sourire agréable, tantôt donnant à ses traits une expression d'importance solennelle, et tantôt regardant ceux qui passaient avec un air de mépris et de dérision. Les pensées qui l'occupaient étaient accompagnées de gestes et de mouvemens bizarres. On le voyait tour à tour étendre le bras, le poing fermé, comme s'il eût voulu terrasser son adversaire ; appuyer sa main ouverte sur sa poitrine, et la lever en l'air en faisant claquer ses doigts.

Ces démonstrations ridicules, et l'embarras qu'elles causaient à Alan, un peu honteux de se montrer en pareille compagnie, n'échappèrent pas aux jeunes désœuvrés qui se promenaient dans ce vestibule. A la vérité, ils ne s'approchèrent pas de Pierre Peebles avec leur familiarité ordinaire, par suite d'une sorte de déférence pour Alan, quoique la plupart l'accusassent tout bas de présomption pour avoir osé se charger, dès son début dans la carrière, d'une affaire hérissée de tant de difficultés; mais Alan, malgré leur retenue, n'en voyait pas moins que son compagnon et lui servaient de plastrons à leurs plaisanteries, et que c'était à leurs dépens que partaient alors les éclats de rire qu'on entend si souvent dans ce lieu.

Enfin le jeune avocat perdit patience, et craignant de perdre en même temps son sang-froid et sa présence d'esprit, il dit franchement à son père qu'à moins qu'on pût le délivrer du double fléau de la présence et des instructions de son client, il fallait absolument qu'il remît les pièces de l'affaire et qu'il renonçât à plaider.

— N'en faites rien, mon cher Alan, n'en faites rien, s'écria le vieillard, prêt à perdre l'esprit lui-même en cette cruelle alternative; n'écoutez pas ce que vous dit cet extravagant; nous ne pouvons l'empêcher d'entendre plaider sa cause, quoiqu'il n'ait pas le cerveau bien sain.

— Sur ma vie! mon père, répondit Alan, je serai hors d'état de dire un seul mot; il jette un désordre complet dans toutes mes idées; d'ailleurs, si je veux parler sérieusement du tort qu'on lui a fait, et de la situation à laquelle on l'a réduit, la vue seule d'un épouvantail si burlesque attachera du ridicule à tout ce que je pourrai dire.

— Il y a quelque chose de vrai là-dedans, dit M. Fairfort en jetant un coup d'œil sur le pauvre Pierre Peebles, et insinuant avec précaution son index sous sa perruque pour se gratter le front, et appeler à son aide toutes les ressources de son imaginative : — Il est certain, dit-il, qu'on ne pourra voir sans rire une pareille figure à la barre; mais comment s'en débarrasser! Le langage de la raison et du bon sens est la dernière chose qu'il voudra écouter. Un instant, Alan; oui, un moment de patience, mon cher Alan, je vais le faire partir comme une balle.

A ces mots, il courut au bureau de son allié Pierre Drudgeit, qui, le voyant arriver avec un air d'empressement soucieux, mit sa plume derrière son oreille, et s'écria : — Qu'y a-t-il donc, maître Fairford? Point de mauvaises nouvelles, j'espère?

— Prenez ce dollar, Pierre Drudgeit, répondit le vieux procureur; c'est à présent ou jamais qu'il faut que vous me rendiez un service. Il y a là-bas cette brute qui porte un de vos noms, ce Pierre Peebles, qui va pousser ses pourceaux à travers notre moisson; il faut que vous l'emmeniez au café de John, que vous le fassiez boire, que vous l'y gardiez jusqu'après l'audience, quand vous devriez l'enivrer.

— Suffit, suffit, je m'en charge, répondit Pierre Drudgeit, qui n'était pas très-fâché du rôle qu'il aurait à jouer lui-même en rendant le service qu'on lui demandait.

En conséquence, au bout de quelques instants le scribe était à côté de Pierre Peebles, murmurant à son oreille quelque chose qui arrachait au plaideur ces réponses entrecoupées :

— Quitter la cour une seule minute en ce grand jour de jugement! non, *per regiam majest...*! Eh quoi! de l'eau-de-vie, dites-vous? — De l'eau-de-vie de France! — Ne pourriez-vous m'en apporter une petite mesure sous votre habit? — Non. — Si cela est impossible, et que vous soyez sûr, comme vous le dites, qu'il se passera encore plus d'une heure avant qu'on appelle la cause, rien ne m'empêche de traverser le Clos avec vous. Il est bien certain que j'ai besoin de prendre quelque chose pour me donner des forces un jour comme aujourd'hui; mais je ne resterai qu'un instant... une seule minute... je ne boirai pas plus d'un petit verre.

Quelques minutes après, on vit les deux Pierre traverser le Square du parlement, qu'on appelait autrefois avec moins d'affectation *le Clos* (1), le pauvre Peebles se laissant passivement emmener en triomphe par Drudgeit, vers le café de John, tandis que ses yeux jetaient de temps en temps un regard en arrière sur la cour de

---

(1) *Parleament's square and parleament close* (la cour, la place). — Éd.

justice. Ils s'enfoncèrent dans les *abîmes Cimmeriens* du café John, jadis rendez-vous favori du joyeux et classique Pitcairn (1), et ils disparurent à tous les regards.

Délivré de ce fléau, Alan eut le temps de retrouver le fil de ses idées, que l'impatience et l'ennui lui avaient fait perdre, et de se préparer à remplir de son mieux une tâche dont il sentait que le succès pouvait avoir une grande influence sur sa fortune future. Il n'était pas sans quelque amour-propre; il sentait qu'il n'était pas dépourvu de talens, et l'importance qu'attachait son père à la réussite de son premier début était pour lui un autre motif pour mettre en œuvre tous ses moyens. Par-dessus tout, il avait cet empire sur lui-même si nécessaire pour obtenir du succès dans toute entreprise difficile, et il ne connaissait pas cette irritabilité maladive par suite de laquelle ceux dont l'imagination trop vive s'exagère les difficultés, se mettent hors d'état de les vaincre lorsqu'elles se présentent.

Après avoir dissipé son trouble, Alan reporta un instant ses pensées vers le comté de Dumfries, et sur la situation précaire dans laquelle il craignait que son ami ne se fût placé; et il consulta plus d'une fois sa montre, impatient de commencer, et surtout de terminer la tâche dont il s'était chargé, afin de pouvoir voler au secours de son cher Darsie.

Enfin l'heure et le moment arrivèrent. L'huissier-massier (2) s'écria avec toute la force de ses poumons :
— Pierre Peebles contre Plainstanes; plaidant, Dum-

(1) Jurisconsulte, médecin et poète classique dans le sens de savant latiniste. — Éd.

(2) L'huissier porteur de la *masse de justice*. — Éd.

toustie et Tough. Maître Daniel Dumtoustie ! — Daniel Dumtoustie ne répondit pas à cet appel ; car la voix du massier, quelque perçante qu'elle fût, ne pouvait se faire entendre au-delà de Queens-Ferry ; mais maître Alan Fairford parut à sa place.

L'auditoire était excessivement nombreux, car on s'attendait au même divertissement qu'on avait eu en d'autres occasions où Pierre Peebles, ayant voulu prendre la parole dans sa propre cause, avait complètement réussi à déconcerter la gravité de la cour, et à réduire au silence non-seulement l'avocat de son adversaire, mais le sien même.

Les juges et l'auditoire parurent également surpris de voir paraître un avocat si jeune en place de Dumtoustie, pour plaider une cause si compliquée, et qui durait depuis tant d'années ; une grande partie des spectateurs fut très-contrariée de ne pas apercevoir Pierre Peebles, qui était le polichinelle du divertissement sur lequel ils avaient compté. Cependant les juges regardèrent notre ami Alan d'un œil favorable ; car il était impossible qu'ils ne connussent pas plus ou moins un aussi ancien praticien que son père. Ils semblèrent donc se disposer, par civilité, à l'écouter avec la même indulgence que la chambre des communes accorde à un de ses membres qui prononce son discours *vierge* (1).

Lord Bladderskate formait une exception à cette expression générale de bienveillance ; de gros sourcils grisonnans cachaient presque ses yeux, qui fixaient un regard de travers sur Alan ; comme si le jeune avocat

(1) *Maiden-speech*, discours vierge, expression consacrée pour dire le premier discours, le début oratoire d'un député. — Éd.

se fût présenté pour usurper la place et les honneurs de son neveu, et non pour faire excuser son absence ; un sentiment qui faisait peu d'honneur à Sa Seigneurie le portait à espérer que notre ami ne réussirait pas dans une cause abandonnée par son parent.

Cependant lord Bladderskate lui-même, en dépit de son humeur, ne put s'empêcher d'être charmé du ton modeste et judicieux avec lequel Alan commença son plaidoyer, donnant pour excuse de la présomption dont il pouvait paraître coupable, l'indisposition subite de son docte confrère, à qui la cour avait assigné, à très-juste titre, la tâche de porter la parole dans une affaire aussi difficile qu'importante. Parlant de lui-même comme il devait en parler, et de Dumtoustie comme celui-ci aurait pu mériter qu'on en parlât, il eut soin de ne pas appuyer un instant de trop sur aucun de ces deux sujets. Les regards du vieux juge s'adoucirent ; son orgueil de famille s'apaisa ; et, charmé de la modestie et de la civilité d'un jeune homme qu'il avait regardé comme présomptueux, l'expression de mécontentement de sa physionomie fit place à un air d'attention profonde, ce qui est le plus heureux compliment qu'un juge puisse faire à un avocat, et le plus grand encouragement qu'il puisse lui donner.

Ayant réussi à s'assurer l'attention favorable de la cour, le jeune avocat, profitant des lumières qu'il devait aux connaissances et à l'expérience de son père, commença, avec une clarté et une précision qu'on n'attendait pas d'un jeune homme de son âge, par écarter de l'affaire toute la complication d'incidens multipliés dont on l'avait surchargée, à peu près comme un chirurgien détache les bandages dont on a entouré à la hâte une blessure, pour y appliquer ensuite les moyens curatifs *secundum artem*. Débarrassée de toutes les formes techniques dont l'obstination du client, la hâte inconsidérée des agens ignares qu'il avait employés, et l'astuce d'un adversaire subtil, l'avaient environnée, la cause de Pierre Peebles était pour un jeune avocat un sujet de déclamation assez heureux; et Alan ne manqua pas de profiter de toutes les ressources oratoires qu'elle pouvait lui offrir.

Il représenta son client comme un homme simple, franc et honnête, qui, pendant une société de douze ans, s'était graduellement appauvri, tandis que son associé, qui dans l'origine n'était que son commis, et qui n'avait mis aucuns fonds dans l'entreprise, s'était enrichi d'année en année.

— Leur association, dit Alan (et cette petite digression obtint quelques applaudissemens), rappelle la vieille histoire du fruit coupé avec un couteau dont un côté de la lame était empoisonné; celui qui mangea la portion infectée trouva la mort dans ce qui contribuait à soutenir les forces et la vie de l'autre. — Alan se jeta alors hardiment dans tous les comptes entre les parties, rangea en bataille, les uns contre les autres, le registre brouillon et le registre-journal, le registre des échéances et le registre des comptes courans; en fit ressortir les interpolations faites par l'astucieux Plainstanes; démontra la fausseté de ses assertions, le mit en contradiction avec lui-même; et, se servant habilement des travaux préparatoires de son père et des connaissances particulières qu'il avait lui-même en comptabilité, il plaça sous les yeux de la cour un exposé clair et intelligible des affaires de la société, démontrant avec précision que, lors de sa dissolution, il était dû une somme considérable à son client; une somme suffisante pour le mettre en état de faire le commerce pour son propre compte, et de conserver ainsi son rang dans la société, comme un négociant indépendant et industrieux.

— Mais au lieu de lui rendre volontairement la justice qu'un honnête homme doit à un autre, dit Alan en finissant, comment s'est conduit l'ancien commis à l'égard de son ancien maitre; l'homme obligé à l'égard de son bienfaiteur? Il a forcé mon malheureux client à le poursuivre de tribunal en tribunal; il a opposé à ses justes demandes des prétentions spécieuses, mais mal fondées; il a pris tour à tour le rôle de défendeur et celui de poursuivant avec autant de prestesse qu'Arlequin en met dans ses métamorphoses; et enfin, après un long cours de procédures compliquées, le malheureux plaideur a perdu sa fortune, sa réputation, presque l'usage de sa raison, et il se présente devant Vos Seigneuries comme un objet de dérision pour les gens irréfléchis, de compassion pour les cœurs plus sensibles, et de profondes réflexions pour quiconque veut se dire que, dans un pays où les lois les plus sages sont administrées par des juges instruits et incorruptibles, un homme peut avoir à parcourir un dédale de contestations en poursuivant un droit presque incontestable; perdre sa fortune, son honneur et sa raison; et se présenter au bout de quinze ans devant la cour suprême, dans la situation de mon malheureux client, victime d'une justice différée, et de ce désespoir qui flétrit le cœur.

La force de cet appel à la sensibilité fit autant d'impression sur les juges qu'en avait produit auparavant la clarté des argumens d'Alan. Le ridicule Pierre Peebles, avec sa perruque d'étoupes, n'était heureusement pas dans l'auditoire, pour nuire à cet effet par son extérieur grotesque et ses manières absurdes; et le silence qui régna quelques instans, quand le jeune avocat eut fini son plaidoyer, fut suivi d'un murmure flatteur d'approbation, qui fut, pour les oreilles de son père, la musique la plus délicieuse qu'il eût jamais entendue. Plus d'une main s'avança pour saisir la sienne, qui tremblait, d'abord d'inquiétude et ensuite de plaisir; et il répondit en balbutiant aux félicitations qu'il recevait de toutes parts : — Oui, oui, je savais qu'Alan était garçon à faire une cuiller, ou à gâter une corne (1).

L'avocat de la partie adverse se leva. C'était un vieux praticien, qui avait trop bien remarqué l'effet que le plaidoyer d'Alan avait produit sur la cour, pour s'exposer à laisser prononcer le jugement séance tenante. Il s'épuisa en complimens envers son jeune confrère : — Le Benjamin de la docte faculté, comme il se permettait de l'appeler. Il dit que tout ce que Pierre Peebles prétendait avoir souffert se trouvait compensé par la situation dans laquelle la bienveillance de Leurs Seigneuries l'avait placé, en lui assurant gratuitement des secours qu'il n'aurait jamais pu payer trop cher. Il convint que son jeune confrère avait présenté différens faits sous un nouveau point de vue; il se flattait de pouvoir répondre à tout; mais il désirait avoir quelques heures pour préparer sa réponse, afin de pouvoir suivre maître Alan Fairford de point en point. Il ferait obser-

(1) On se sert beaucoup de cuillers de corne en Écosse. — Proverbe populaire. — Éd.

ver d'ailleurs qu'il existait un objet que son jeune confrère n'avait pas pris en considération, comme il s'y attendait, quoique son attention se fût si merveilleusement étendue sur tous les détails de l'affaire : c'était l'interprétation qu'on devait donner à une correspondance qui avait eu lieu entre les parties, peu de temps après la dissolution de la société.

La cour, après avoir entendu maître Tough, lui accorda deux jours pour préparer sa réponse, lui donnant à entendre en même temps qu'il trouverait sa tâche assez difficile; et après avoir accordé un tribut d'éloges au jeune avocat sur la manière dont il venait de plaider sa première cause, elle lui laissa le choix de parler sur-le-champ, ou au prochain appel de l'affaire, du point auquel l'avocat de Plainstanes venait de faire allusion.

Alan pria la cour d'excuser une omission qui, dans le fait, était très-excusable dans une affaire si compliquée, et déclara qu'il était prêt à expliquer cette correspondance, et à prouver que ni dans le fond, ni dans la forme, il ne s'y trouvait rien qui ne servît à corroborer les argumens qu'il avait précédemment employés. Il se tourna vers son père, qui était assis derrière lui, et qui lui passait les lettres en question, dans l'ordre où il devait les lire, en accompagnant cette lecture des observations convenables.

Le vieil avocat Tough avait probablement formé un projet aussi ingénieux pour détruire l'impression qu'avait faite le plaidoyer de son jeune confrère, en l'obligeant à faire succéder ainsi à des argumens clairs et précis qu'il avait pu préparer, un commentaire subit et improvisé sur une correspondance. Mais si tel était son but, il fut trompé dans son attente, car Alan y était préparé comme sur tous les autres points, et il recommença à plaider avec un zèle et une chaleur qui donnèrent une nouvelle force à ce qu'il avait déjà dit, et qui allaient peut-être forcer le vieil avocat à regretter de lui avoir fourni, bien contre son gré, un nouveau moyen de servir sa cause, quand son père, en continuant à lui remettre les pièces de la correspondance en question, lui en présenta une qui produisit sur lui un effet extraordinaire dès qu'il l'ouvrit.

Du premier coup d'œil il vit que cette lettre n'avait aucun rapport aux affaires de Pierre Peebles; mais ce premier coup d'œil suffit pour qu'il lui devînt impossible, malgré l'importance de l'objet qui l'occupait, en présence de la première cour de justice du royaume, de ne pas lire cette épître jusqu'au bout; et cette lecture rompit tout à coup le fil de ses idées. Il s'arrêta au milieu de sa harangue, resta les yeux fixés sur la lettre avec un air de surprise et d'horreur, poussa une exclamation involontaire, et laissant tomber le précis de l'affaire, qu'il tenait en main, il s'enfuit en courant, sans faire une seule réponse aux questions multipliées qu'on lui adressait. — Qu'avait-il donc? se trouvait-il indisposé? désirait-il une chaise?

Son père restait assis dans un état d'immobilité parfaite, comme s'il eût été pétrifié; mais il fut rappelé à lui-même par la demande que lui fit un des juges, si son fils se trouvait mal. Il se leva sur-le-champ, d'un air qui annonçait que le profond respect qu'il professait toujours pour la cour était combattu par quelque cause puissante d'agitation intérieure; ce ne fut qu'avec beaucoup de difficulté qu'il prononça les mots de méprise, de mauvaise nouvelle, et qu'il ajouta qu'il espérait qu'Alan se trouverait mieux le lendemain; mais il lui fut impossible d'en dire davantage, et, levant les mains au ciel, il s'écria : — Mon fils ! mon fils ! et sortit à son tour en courant comme s'il eût voulu le poursuivre.

— Que diable a donc le vieux procureur? dit à demi-voix à son voisin un juge qui aimait à faire le plaisant. Qu'en dites-vous, Bladderskate? ne jugeons-nous pas la cause des fous? D'abord le pauvre diable qu'elle concerne mérite véritablement d'être logé à Bedlam; puis, votre neveu s'enfuit comme un écervelé pour ne pas avoir à la plaider; ensuite voilà un jeune avocat, donnant de belles espérances, qui semble avoir perdu la tête, sans doute à force de l'avoir étudiée; enfin il n'y a pas jusqu'à ce vieux Fairford qu'elle n'ait rendu aussi fou que le plus fou d'entre eux. Qu'en dit Votre Seigneurie?

— Rien, milord (1), répondit Bladderskate, trop grave et trop attaché aux formes empesées de sa profession pour partager la légèreté d'esprit de son confrère; je ne dis rien ; je prie seulement Dieu de nous conserver l'esprit.

— *Amen! amen!* répliqua l'autre juge; car quelques-uns de nous ne sont pas assez riches pour en prêter aux autres.

La cour leva la séance, et l'auditoire se sépara en admirant le talent dont Alan Fairford avait fait preuve, dès le premier pas dans sa carrière, par la manière dont il avait plaidé une affaire si difficile et si compliquée, et faisant mille conjectures différentes sur la cause d'une

(1) Il faut remarquer que les juges se traitent de milords : c'est un privilège des cours royales d'Écosse. — Éd.

retraite précipitée qui avait couvert son succès d'un nuage. Le plus fâcheux fut que six procureurs, qui, chacun séparément, avaient pris la résolution, en l'entendant plaider, de lui remettre des honoraires, au sortir de l'audience, afin de le retenir pour plaider la cause de leurs cliens, secouèrent la tête en s'en allant, et firent rentrer leur argent dans leurs bourses de cuir, en disant qu'ils voulaient le connaître un peu mieux avant de le charger d'une affaire, et qu'ils n'aimaient pas un avocat qui, selon leur expression, disparaissait tout à coup comme une puce bondissant sur une couverture.

CHAPITRE II.

SUITE DE LA NARRATION.

Si notre ami Alexandre Fairford avait connu les conséquences qui résultèrent du départ précipité de son fils de la cour de justice, conséquences que nous avons rapportées dans les dernières lignes du chapitre précédent, c'en eût été assez pour le réduire à l'état dans lequel un des juges l'avait supposé en plaisantant. Sans en rien savoir, il se trouvait assez malheureux. Son fils venait de s'élever de dix degrés plus haut que jamais dans son estime par ses talens oratoires. L'approbation des juges et des professeurs de jurisprudence, approbation qui, à son avis, valait mieux que celle de tout le reste du genre humain, justifiait pleinement l'idée la plus avantageuse que la partialité même d'un père eût pu se former des moyens d'un fils. D'une autre part, il se sentait lui-même un peu humilié par une réticence dont il avait usé envers ce fils de ses espérances.

La vérité était que, dans la matinée de ce jour mémorable, M. Alexandre Fairford avait reçu de son ami et de son correspondant M. Crosbie, prévôt de Dumfries, la lettre ci-après :

« Mon cher Monsieur,

» J'ai reçu l'honneur de la vôtre, du 25 dernier, en
» faveur et par les mains de M. Darsie Latimer, pour
» qui j'ai eu, en conséquence, toutes les attentions qu'il
» lui a plu d'accepter.

» La présente a un double objet. Le premier est pour
» vous dire que le conseil est d'avis que vous pouvez
» maintenant aller en avant dans l'affaire du moulin
» banal, et qu'il pense que d'après les preuves *noviter*
» *repertas*, il vous sera facile de faire valoir les us et
» coutumes relativement aux *grana invecta et illata*. Vous
» voudrez donc bien vous regarder comme autorisé à
» parler à M. Pest, et à lui mettre sous les yeux les
» pièces que vous recevrez par la messagerie. Le conseil
» pense que deux guinées d'honoraires peuvent suffire
» en cette occasion, M. Pest en ayant déjà reçu trois
» pour dresser la première requête.

» Je saisis aussi cette occasion pour vous apprendre
» qu'il y a eu un grand tapage parmi les pêcheurs du
» Solway, qui ont détruit de main de maître les filets
» à pieux tendus à son embouchure, et attaqué en outre
» la maison du quaker Geddes, où ils ont fait beaucoup
» de dommage. Ce M. Geddes est un des principaux in-
» téressés dans la compagnie pour la pêche au filet à

» l'embouchure du Solway ; je suis fâché d'avoir à ajou-
» ter que le jeune Latimer a été vu au milieu du tu-
» multe, et qu'on n'en a pas entendu parler depuis ce
» temps. On parle de meurtre, mais ce ne peut être
» qu'un mot en l'air. Comme ce jeune homme s'est con-
» duit d'une manière assez bizarre depuis qu'il est dans
» ce pays, n'ayant accepté qu'une seule fois mes invita-
» tions à dîner, et ayant couru les champs avec des
» musiciens ambulans et pareille canaille, il y a lieu
» d'espérer que son absence n'est occasionée que par
» quelque nouvelle escapade du même genre. Cependant
» comme son domestique est venu s'informer si j'avais
» quelques nouvelles de son maître, j'ai jugé convenable
» de vous donner cet avis. J'ai seulement à ajouter que
» notre shériff a pris connaissance de l'affaire, et a en-
» voyé en prison deux de ces tapageurs. Si je puis vous
» être utile en notre ville, soit pour faire insérer dans
» les journaux l'absence de M. Latimer, soit pour pro-
» mettre une récompense à quiconque en donnera des
» nouvelles, soit de toute autre manière, je me confor-
» merai à vos respectables instructions, étant votre très-
» obéissant,

« WILLIAM CROSBIE. »

Lorsque M. Fairford reçut cette lettre et qu'il en eut terminé la lecture, sa première idée avait été de la communiquer à son fils, afin de faire partir sur-le-champ un exprès, ou même un messager du roi (1) armé des pouvoirs nécessaires pour faire toutes les perquisitions convenables.

(1) Ancien titre qu'on donne aux huissiers d'Écosse. — Éd.

Il savait fort bien que ces pêcheurs, sans être absolument sanguinaires ni féroces, étaient des gens qui ne connaissaient ni frein ni loi : on citait des exemples d'individus qu'ils avaient transportés dans l'île de Man ou ailleurs, et qu'ils y avaient tenus en captivité des semaines entières, pour avoir voulu mettre quelques entraves à leur commerce de contrebande. Sous ce rapport, M. Fairford n'était pas sans inquiétude pour Darsie, et dans un moment moins intéressant, il serait certainement parti lui-même, ou il aurait du moins permis à son fils de se mettre à la recherche de son ami.

Mais il voyait que l'affaire de Pierre Peebles contre Plainstanes allait être ajournée, peut-être *sine die*, si cette pièce tombait entre les mains de son fils. Il savait que l'affection mutuelle qui existait entre ces deux jeunes gens allait jusqu'à l'enthousiasme ; et il en conclut que, si Alan était instruit de la situation précaire de Darsie Latimer, non-seulement il perdrait la volonté de s'occuper de la grande affaire du jour, à laquelle le vieillard attachait tant d'importance, mais qu'il en deviendrait même incapable.

En y réfléchissant bien, il résolut donc, quoique ce ne fût pas sans quelque remords, de taire à son fils la nouvelle fâcheuse qu'il venait de recevoir, jusqu'après la séance du tribunal. Ce n'était, après tout, qu'un délai de quelques heures, et il ne pouvait être de bien grande importance pour Darsie Latimer, que sa folie avait sans doute jeté dans l'embarras, et qui n'aurait que la punition qu'il méritait en y restant quelques momens de plus. D'ailleurs il aurait alors le temps de parler au sheriff du comté, peut-être à l'avocat du roi ; enfin il pourrait donner à l'affaire une marche légale et régulière.

Ce projet, comme on l'a déjà vu, réussit en partie, et n'échoua définitivement, comme M. Fairford se l'avoua lui-même en rougissant, que par suite de la bévue, indigne d'un homme d'affaires, qu'il avait commise en plaçant la lettre du prévôt, au milieu du trouble et de la confusion du moment, dans une des liasses des pièces de Pierre Peebles, et en la donnant ensuite à son fils, par une nouvelle méprise. Il protesta par la suite, jusqu'au jour de sa mort, que jamais il n'avait été coupable de l'inadvertance de laisser sortir une pièce de ses mains sans en regarder l'étiquette, si ce n'était en cette malheureuse occasion, où une pareille négligence lui paraissait surtout inexcusable.

Troublé par ces réflexions, le vieillard, pour la première fois, éprouvait une sorte de répugnance, produite par la honte et le dépit, à se trouver tête à tête avec son fils. Pour retarder tant soit peu une entrevue qu'il regardait comme devant être pénible pour lui, il alla d'abord chez le sheriff; mais il y apprit qu'il était parti à la hâte pour Dumfries, afin de présider en personne à l'enquête que son substitut en cette ville avait déjà commencée. Le clerc du sheriff ne put lui dire que fort peu de chose sur ce qui s'était passé dans cette émeute, si ce n'est qu'elle avait été fort sérieuse; que des voies de fait avaient eu lieu, qu'on avait violé les propriétés; mais qu'autant qu'il pouvait le savoir, personne n'avait perdu la vie.

M. Fairford fut donc obligé de retourner chez lui avec ces renseignemens. En y arrivant, il demanda à James Wilkinson où était son fils.

— M. Alan est dans sa chambre, répondit James, et fort occupé.

— Il faut en venir à l'explication, pensa le procureur : mieux vaut un doigt coupé tout d'un coup qu'un doigt toujours pendant.

Il monta sur-le-champ à la chambre de son fils, frappa à la porte, d'abord doucement, ensuite plus fort, et ne reçut aucune réponse. Alarmé de ce silence, il ouvrit la porte, et trouva l'appartement vide. Des habits et du linge jetés confusément sur une table avec des livres de jurisprudence et divers papiers semblaient annoncer qu'Alan avait fait à la hâte quelques préparatifs de voyage. Tandis qu'il regardait tout autour de lui avec inquiétude, ses yeux s'arrêtèrent sur une lettre cachetée, placée sur le bureau de son fils, et adressée *A M. Alexandre Fairford*. Il l'ouvrit sur-le-champ, et lut ce qui suit.

« MON CHER PÈRE,

» J'espère que vous ne serez ni surpris ni peut-
» être très-mécontent en apprenant que je suis en ce
» moment en chemin pour le comté de Dumfries, afin
» de me procurer par moi-même des renseignemens cer-
» tains sur la situation dans laquelle se trouve le meil-
» leur de mes amis, et pour lui donner tous les secours
» qui seront en mon pouvoir. Fasse le ciel qu'ils soient
» efficaces !

» Je ne me permettrai de vous faire aucune réflexion
» sur le parti que vous avez cru devoir prendre de me
» cacher une nouvelle si importante pour mon bonheur
» et ma tranquillité d'esprit ; mais j'espère que votre ré-
» ticence pourra servir, sinon de justification, du moins
» d'excuse à la faute que je commets peut-être en par-

» tant sans votre agrément, et, je dois l'avouer, dans
» un moment où vous serez plus que jamais porté à
» désapprouver mon départ. Tout ce que je puis dire
» pour me justifier, c'est que s'il arrivait quelque évé-
» nement malheureux, ce qu'à Dieu ne plaise, à l'ami
» qui, après vous, est tout ce que j'ai de plus cher au
» monde, me trouvant averti jusqu'à un certain point
» du danger qu'il courait, et ayant reçu les moyens de
» l'en garantir, je regretterais de n'avoir pas volé sur-
» le-champ à son secours, au lieu d'avoir donné toute
» mon attention pendant plusieurs jours à l'affaire de
» cette malencontreuse matinée. Aucune vue de distinc-
» tion ni d'avancement n'aurait pu m'arrêter; il fallait
» toute mon envie de satisfaire les désirs que vous m'a-
» viez si souvent manifestés, pour me retenir ici jus-
» qu'à ce jour. Ayant fait ce sacrifice au devoir filial,
» j'espère que vous m'excuserez si j'obéis maintenant à
» la voix de l'amitié et de l'humanité.

» Soyez sans la moindre inquiétude pour moi. Dans
» quelque circonstance que je puisse me trouver, j'es-
» père que je saurai me conduire avec la prudence con-
» venable; sans quoi de quelle utilité me seraient toutes
» les études auxquelles je me suis livré pendant tant
» d'années? Je ne manque pas d'argent, et j'ai des armes
» en cas de besoin; mais soyez sûr que je serai assez
» circonspect pour n'en faire usage qu'en cas de néces-
» sité absolue.

» Que Dieu tout puissant vous protège, mon cher
» père, et qu'il vous accorde assez d'indulgence pour
» me pardonner le premier, et j'espère le dernier acte
» ressemblant à la désobéissance, dont j'ai en ce mo-
» ment et dont j'aurai jamais à m'accuser envers vous.

» Je suis, jusqu'à la mort, votre fils soumis et affec-
» tionné,

» Alan Fairford. »

« *P. S.* Je vous écrirai très-régulièrement pour vous
« informer de toutes mes démarches et vous demander
« vos avis. J'espère que mon absence sera fort courte,
« et je regarde comme possible de ramener Darsie avec
« moi. »

La lettre tomba des mains du vieillard quand il apprit ainsi que ce qu'il craignait était déjà arrivé. Sa première idée fut de monter en chaise de poste pour poursuivre le fugitif; mais il se souvint que dans les occasions, très-rares à la vérité, où Alan s'était montré indocile *patriæ potestati*, sa douceur et sa flexibilité naturelles avaient semblé se changer en obstination ; et il pensa que, maintenant qu'il avait atteint sa majorité, qu'il était membre de la docte faculté, et qu'il avait par conséquent le droit incontestable d'agir à son gré, il était fort douteux que, quand même il parviendrait à l'atteindre, il pût le décider à revenir à Édimbourg. Craignant donc d'échouer dans son projet, il crut plus sage d'y renoncer. Il songea d'ailleurs que, quand même il y réussirait, ce serait le moyen de donner à cette affaire un éclat ridicule qui ne pouvait qu'être préjudiciable à la réputation naissante de son fils.

Il se jeta dans le grand fauteuil couvert en cuir qui servait à son cher Alan, reprit la fatale lettre, la lut de nouveau, et aux réflexions amères que cette lecture lui inspira il ajouta quelques phrases décousues par forme de commentaire.

— *Possible de ramener Darsie.* Il n'y a guère à en douter ; un shilling faux revient toujours à celui qui l'a passé. Je ne souhaite d'autre mal à Darsie que de savoir qu'on l'a emmené en un lieu où ce fou d'Alan ne pourra jamais le revoir. C'est dans une mauvaise heure que je lui ai ouvert ma porte, car c'est depuis ce temps qu'Alan a renoncé à son bon sens naturel pour donner dans les folies et les extravagances de son compagnon. — *Ne manque pas d'argent!* Vous en avez donc plus que je ne le suppose, mon cher ami? car je vous ai toujours tenu assez court, et cela pour votre bien. Aurait-il touché d'autres honoraires, ou s'imagine-t-il que cinq guinées n'aient ni commencement ni fin?—*Des armes?* Et qu'en veut-il faire? En a-t-on besoin quand on n'est pas un soldat du gouvernement ou un happe-coquin de la justice? J'ai porté les armes pour le roi George et le gouvernement; mais j'en ai eu assez, Dieu merci! Cette affaire est encore pire que celle de Falkirk. Hélas! que nous sommes de faibles et inconséquentes créatures! Après l'avoir vu débuter avec tant d'éclat, penser qu'il est parti de cette manière pour courir après un vaurien, comme un lévrier qui suit une fausse voie! Ah! il est bien triste de voir une vache rétive renverser le seau à l'instant où il est plein de lait! Mais, après tout, c'est un vilain oiseau que celui qui salit son propre nid, et il faut que je tâche d'empêcher le scandale. — Eh bien! James, que voulez-vous?

— C'est un message de milord président, monsieur, répondit Wilkinson; il espère que M. Alan n'est pas sérieusement indisposé.

— De milord président? Dieu me protège! Je vais lui répondre à l'instant ; faites entrer le domestique dans la cuisine, James, et donnez-lui un verre de bière.

Il prit un cahier de papier à tranche dorée.—Voyons ce que je vais lui dire, pensa-t-il. Mais, avant que sa plume eût touché le papier, James ouvrit la porte une seconde fois.

— Qu'y a-t-il de nouveau, James?

— Lord Bladderskate envoie demander comment se trouve M. Alan, attendu qu'il a quitté la cour si...

— Oui, oui, répondit M. Fairford avec un ton d'amertume, il a fait un *descampativos* comme le neveu de Sa Seigneurie.

— Faut-il que je fasse cette réponse, monsieur? demanda James, qui, en sa qualité d'ancien soldat, se piquait d'exécuter à la lettre tous les ordres qu'il recevait.

— Non! non! s'écria le procureur; diable! Faites goûter notre bière à son domestique pendant que je vais écrire une réponse.

Le papier à tranche dorée fut repris encore une fois, et encore une fois James reparut à la porte.

— Lord... envoie demander des nouvelles de M. Alan, monsieur.

— Au diable leur civilité! dit le pauvre Fairford. — Faites boire aussi son domestique, je vais écrire à Sa Seigneurie.

— Oh! pourvu que j'aie soin de leur arroser le gosier, les domestiques attendront tant qu'il vous plaira, monsieur. Allons! encore la sonnette! Si l'on y va de ce train, elle sera usée avant la fin dn jour.

Il descendit à la hâte pour aller ouvrir la porte, et revint dire à son maitre que le doyen de la faculté de droit venait s'informer lui-même de la santé de M. Alan.

— Le ferai-je boire comme les autres, monsieur?

— Êtes-vous un idiot, monsieur? Faites entrer M. le doyen dans le salon.

En descendant lentement l'escalier pas à pas, le procureur embarrassé eut le temps de réfléchir que, s'il est possible de couvrir d'un beau vernis une histoire véritable, la vérité sert toujours mieux que tout ce que l'adresse peut lui substituer. Il dit donc au doyen que, quoique son fils se fût trouvé subitement incommodé par la grande chaleur qui régnait dans la cour de justice, et par suite du travail forcé auquel il avait été obligé de se livrer nuit et jour pour se mettre en état de plaider la cause de Peebles, cependant il s'était senti assez bien remis pour partir sur-le-champ, et aller s'occuper d'une affaire où il ne s'agissait de rien moins que de la vie ou de la mort d'un ami.

— Il faut véritablement une affaire très-sérieuse pour que mon jeune ami se soit décidé à s'absenter en un pareil moment, dit le bon citoyen. Je voudrais qu'il eût fini son plaidoyer, et réduit M. Tough au silence. Sans compliment, mon cher M. Fairford, je n'ai jamais vu un début plus brillant; je serais bien fâché que votre fils ne fût pas ici pour la réplique : il n'y a rien de tel que de battre le fer quand il est chaud.

Le procureur fit une grimace en acquiesçant à une opinion qu'il partageait pleinement; mais en même temps il crut prudent de répondre que l'affaire qui avait rendu indispensable le départ subit d'Alan concernait un jeune homme jouissant d'une grande fortune, ami particulier de son fils, et qui ne faisait jamais aucune démarche tant soit peu importante sans l'avoir préalablement consulté.

— Vous savez mieux que personne ce qui est convenable, M. Fairford, dit le doyen ; s'il s'agit de mort ou de mariage, un testament ou une noce méritent la préférence sur toute autre affaire. Je suis charmé d'apprendre que M. Alan se soit trouvé assez bien pour se mettre en voyage. Je vous salue, M. Fairford.

Ayant ainsi pris position devant le doyen de la docte faculté, M. Fairford se mit à écrire à la hâte aux trois juges, auxquels il rendit compte de l'absence d'Alan, à peu près dans les termes qu'il venait d'employer de vive voix. Ayant cacheté ses lettres, il y ajouta les adresses, et chargea Wilkinson de les remettre aux trois laquais, qui, pendant ce temps, avaient bu un gallon de bière, tout en discutant des questions de droit, et en se donnant les uns aux autres les titres de leurs maîtres (1).

L'intérêt que tant de personnes de la plus haute considération au barreau prenaient à son fils, obligea M. Fairford à faire des efforts sur lui-même pour ne point paraître accablé par le départ d'Alan ; il continua à parler mystérieusement de l'affaire très-importante qui empêchait son fils de se montrer à la cour de justice pendant le reste de la session. Il tâcha d'appliquer le même baume à son propre cœur, mais il ne put y réussir ; car une voix secrète lui disait que, quelque résultat important que pût avoir pour Darsie Latimer le voyage du jeune avocat, il ne pouvait entrer en balance

(1) A peu près comme les valets que Lesage nous peint dans Gil-Blas. — Éd.

avec le tort qu'Alan faisait à sa réputation en abandonnant la défense du pauvre Pierre Peebles.

Pendant ce temps, quoique le sombre nuage qui enveloppait depuis si long-temps la cause, ou les causes de ce malheureux plaideur, eût été dissipé en un instant par l'éloquence d'Alan, comme un brouillard cède au tonnerre de l'artillerie, une obscurité aussi profonde que les ténèbres palpables d'Égypte commença à couvrir de nouveau cette affaire au son de la voix de M. Tough, qui, le surlendemain du départ d'Alan, répondit à son plaidoyer. Ayant la voix forte, de bons poumons, une opiniâtreté imperturbable ; et, prenant une prise de tabac entre chacune de ses phrases, dont sans cela on n'aurait jamais vu la fin, le vieil avocat passa en revue tous les sujets que Fairford avait traités avec une clarté si lumineuse, ramena dans l'affaire de Peebles contre Plainstanes, tranquillement et imperceptiblement, tout le sombre chaos que le jeune avocat avait dissipé. Enfin l'affaire resta encore indécise, la cour ayant renvoyé les parties devant un auditeur des comptes qui devait faire son rapport. Un résultat si différent de ce qu'attendait le public, d'après le plaidoyer d'Alan, donna lieu à divers propos.

Pierre Peebles prétendit qu'il fallait l'attribuer surtout à son absence de la cour pendant la première séance où l'on s'était occupé de son affaire, ayant été, dit-il, débauché et entraîné au café de John pour s'y abreuver d'eau-de-vie, d'usquebaugh et d'autres liqueurs fortes ; et cela *per ambages*, par Pierre Drudgeit, employé, à cet effet, comme instrument de l'astuce d'Alexandre Fairford, son agent, ou se disant son agent ; il s'en prit secondairement à la fuite et à la désertion volontaire du jeune avocat Fairford. En conséquence, il rendit plainte en malversation contre le père et le fils. Le résultat le plus immédiat et le plus probable de l'affaire était donc de menacer Alexandre Fairford de nouveaux sujets de tracasseries et de mortifications ; ce qui le tourmentait d'autant plus que sa conscience lui disait que l'affaire avait été réellement abandonnée, tandis qu'avec quelques mots de réplique pour faire valoir les argumens déjà employés et les preuves déjà rapportées, Alan n'aurait eu qu'à souffler pour faire envoler toutes les toiles d'araignées que M. Tough avait ramassées avec grand soin pour en tapisser toute la procédure. Mais ce jugement avait été rendu, disait-il, comme un jugement par contumace ; l'affaire avait été perdue faute de contradicteur.

Cependant près d'une semaine se passa sans que Alexandre Fairford reçût aucune nouvelle directe de son fils. A la vérité une lettre du prévôt Crosbie lui apprit que le jeune avocat était arrivé sans accident à Dumfries, mais qu'il en était parti pour faire des recherches ultérieures, sans lui donner d'autres explications. Le vieillard, abandonné ainsi à des inquiétudes et à des souvenirs humilians, privé de la société habituelle à laquelle il était accoutumé, devint bientôt aussi souffrant de corps que d'esprit. Il avait pris la résolution de partir lui-même pour Dumfries, quand, après s'être montré bourru, grondeur et acariâtre envers ses domestiques, à un degré tout-à-fait inusité et presque insupportable, l'âcreté de ses humeurs se fixa en un accès de goutte, maladie qui, comme on le sait, dompte les esprits les plus récalcitrans.

Nous le laisserons en ce moment, les jambes entourées de flanelle, et étendues sur un tabouret, la continuation de cette histoire devant prendre dans le chapitre prochain une forme différente et qui, sans être celle de la narration ni celle de la correspondance épistolaire, offrira un mélange de l'une et de l'autre.

CHAPITRE III.

JOURNAL DE DARSIE LATIMER.

(Ce qui suit était écrit derrière l'enveloppe qui contenait le journal.)

— En quelques mains que tombent les feuilles ci-jointes, elles apprendront du moins à celui qui les lira l'histoire d'une certaine période de la vie d'un malheureux jeune homme qui, dans le sein d'un pays libre, et sans être accusé d'aucun crime, a été et est encore retenu captif, par suite d'une violence illégale. Celui qui ouvrira cette lettre est donc conjuré de s'adresser au plus prochain magistrat, et, en profitant de toutes les indications qu'il pourra y trouver, de faire les plus grands efforts pour secourir un infortuné qui a en sa faveur tous les droits de l'innocence opprimée, et qui possède en même temps les moyens comme le désir de prouver sa reconnaissance à ses libérateurs. Ou, si la personne qui lira cette lettre n'a pas le courage et le pouvoir nécessaires pour faire rendre la liberté à celui qui l'a écrite, elle est conjurée par tout ce qu'un homme doit à ses semblables, par l'intérêt que doit accorder un chrétien à celui qui professe la même foi, de prendre les moyens les plus prompts et les plus sûrs pour la faire remettre entre les mains d'Alan Fairford, avocat, demeurant chez son père, Alexandre Fairford, procureur à Édimbourg, Brown's-Square. Elle peut compter sur une récompense libérale, outre la satisfaction qu'elle aura de savoir qu'elle s'est acquittée d'un véritable devoir que lui impose l'humanité.

Mon cher Alan,

Vous étant aussi vivement attaché dans un temps d'inquiétude et de détresse que je l'ai jamais été dans les plus beaux jours de notre intimité, c'est à vous que j'adresse une histoire destinée peut-être à tomber dans d'autres mains que les vôtres. Je retrouve une partie de mon ancienne gaieté en écrivant votre nom ; et me livrant à l'heureuse idée que vous pouvez être le libérateur qui me tirera d'une situation aussi désagréable qu'alarmante, de même que vous m'avez guidé par vos conseils jusqu'à présent, je vaincrai l'affliction qui m'accablerait sans cela. Ainsi donc, ayant, Dieu le sait, tout le temps d'écrire, je vais tâcher de vous communiquer mes pensées aussi librement que par le passé, quoique je doute que je puisse le faire avec ce ton de légèreté, d'insouciance et d'enjouement que je devais au bonheur.

Si mon journal tombe en d'autres mains que les vôtres, je ne regretterai pas pour cela d'avoir exposé ainsi tous mes sentimens; car si l'on veut excuser les folies, peut-être en trop grand nombre, qui sont le fruit de la jeunesse et de l'inexpérience, je ne crois pas que ma relation contienne rien qui doive me faire rougir. Bien plus, je me flatte que la franchise et la simplicité que je mettrai à raconter des événemens aussi singuliers que fâcheux, pourront prévenir même un étranger en ma faveur; et que parmi la multitude de circonstances, en apparence triviales, que je vais rapporter en détail, il se trouvera quelque fil qui pourra conduire à ma délivrance.

Je ne dissimule pas que je cours un autre risque. Il peut se faire que mon journal, comme je puis l'appeler, au lieu de tomber entre les mains de l'ami intime auquel il est destiné, ou même d'un étranger indifférent, devienne la proie des gens qui me retiennent prisonnier en ce moment; mais qu'importe? Ils n'y verront guère que ce qu'ils savent déjà; que comme homme, comme Anglais, je sens mon ame révoltée du traitement qu'ils me font endurer; que je suis déterminé à recourir à tous les moyens possibles pour recouvrer ma liberté; que la captivité n'a pas abattu mon courage; et que, quoiqu'il leur soit facile de terminer cette scène d'oppression par un assassinat, je suis disposé, même en ce cas, à léguer ma cause à la justice de mon pays. Je ne me laisserai donc pas effrayer par la probabilité qu'on puisse m'arracher de force ce que j'écris en ce moment pour le soumettre à l'inspection d'un homme qui, étant déjà mon ennemi sans en avoir aucune raison, sera doublement courroucé contre moi en voyant que je consigne par écrit l'histoire de ses injustices ; je vais donc reprendre la suite des événemens qui me sont arrivés depuis la fin de ma dernière lettre adressée à mon cher Alan Fairford, et datée, si je ne me trompe, du 5 août présent mois.

— Pendant la nuit qui précéda le jour de la date de cette lettre, je ne sais quelle sotte fantaisie m'avait porté à me trouver à une assemblée de pêcheurs qui s'étaient réunis pour danser dans le hameau de Brokenburn, à environ six milles de Dumfries. Bien des gens doivent m'y avoir vu, si ce fait paraissait avoir assez d'importance pour exiger une vérification. Je dansai, je jouai du violon ; en un mot, je pris part à la fête jusqu'à minuit. Mon domestique, Samuel Owen, m'ayant alors amené mon cheval, je retournai à une petite auberge, située à Shepherd's Bush, tenue par mistress Gregson, où j'ai fait ma principale résidence depuis une quinzaine de jours. J'y passai une bonne partie de la matinée à vous écrire, mon cher Alan, la lettre dont j'ai déjà parlé, et qui, j'espère, vous est parvenue. Pourquoi n'ai-je pas suivi l'avis que vous m'aviez donné si souvent ? pourquoi ai-je été sourd à la voix charitable qui me conseillait de fuir ce voisinage dangereux ? Ces questions sont inutiles maintenant. J'étais aveuglé par je ne sais quelle fatalité, et j'ai imité le papillon qui voltige autour d'une lumière jusqu'à ce qu'il y ait brûlé ses ailes.

La plus grande partie du jour s'était passée, et le temps me pesait. Je devrais peut-être rougir en songeant au reproche que m'a fait vingt fois l'ami à qui j'écris, de la facilité avec laquelle, dans mes momens d'indolence, je laisse diriger mes mouvemens par la première personne que le hasard me fait rencontrer, au lieu de

JOURNAL DE DARSIE LATIMER. 43

prendre la peine de réfléchir moi-même, et de me décider d'après mes réflexions. Depuis quelque temps, j'avais employé, en qualité de guide et de commissionnaire, un petit garçon nommé Benjie, fils d'une veuve Coltred qui demeure près de mon auberge, et je ne puis oublier qu'en diverses occasions je lui avais laissé prendre plus d'influence sur mes déterminations que la différence de nos âges et de nos conditions n'aurait dû le permettre. En ce moment il s'évertua pour me persuader que je m'amuserais infiniment si je voulais aller voir retirer le poisson des filets tendus à l'embouchure du Solway, à la marée basse, et il me pressa tellement à ce sujet, qu'en réfléchissant sur toutes les circonstances, je ne puis m'empêcher de penser qu'il avait des motifs particuliers pour agir ainsi. J'entre dans ces détails afin que, si ce que j'écris tombe dans des mains amies, on puisse chercher cet enfant et l'interroger,

Son éloquence n'ayant pu me persuader que je prendrais beaucoup de plaisir à voir des poissons se débattre dans un filet quand la marée se serait retirée, il me fit entendre avec beaucoup d'adresse que M. et miss Geddes, famille de quakers très-respectable, et bien connue dans ces environs, avec laquelle j'avais formé une liaison particulière, seraient mécontens si je n'allais promptement leur rendre une visite, tous deux s'étant informés d'une manière toute particulière des motifs que j'avais eus pour quitter leur maison la veille si subitement. Je résolus donc d'aller jusqu'à Mont-Sharon pour leur faire mes excuses, et je permis à Benjie de m'y accompagner, et d'y attendre mon départ, afin de pouvoir pêcher en retournant à Shepherd's Bush : la soirée, suivant lui, devait être très-favorable à cet amusement. Je mentionne cette circonstance parce que je soupçonne fortement ce jeune drôle d'avoir eu quelque pressentiment de la manière dont cette soirée devait se terminer pour moi ; et je crois pouvoir lui supposer le désir puéril de s'assurer, dans mes dépouilles, d'une ligne qu'il avait souvent admirée. Il est possible que je sois injuste à son égard, mais j'ai plus d'une fois remarqué qu'il sait chercher et obtenir les bagatelles qui peuvent à son âge offrir un attrait à la cupidité, avec l'adresse systématique d'un âge plus mûr.

Quand nous fûmes en chemin, je lui parlai du froid de la soirée, du vent d'est, et d'autres circonstances qui semblaient défavorables à la pêche : il n'en persista pas moins dans ce qu'il m'avait dit, et comme pour me convaincre de mon erreur, il jeta plusieurs fois la ligne, mais sans prendre aucun poisson ; et dans le fait, je suis persuadé qu'il était moins occupé de sa pêche que du soin de surveiller tous mes mouvemens. Quand je me moquai de l'inutilité de ses tentatives, il me répondit en ricanant que les truites ne voulaient pas monter sur l'eau parce que le temps menaçait du tonnerre ; ce que, dans un certain sens, je reconnus ensuite n'être que trop vrai.

J'arrivai à Mont-Sharon ; j'y fus reçu par mes amis, le quaker et sa sœur, avec leur affabilité ordinaire, et après avoir supporté quelques plaisanteries sur mon brusque départ de la veille, je leur témoignai mon repentir en leur promettant de passer la nuit dans leur paisible demeure ; en conséquence je renvoyai Benjie avec ordre de reporter ma ligne à Shepherd's Bush, et d'avertir que je n'y coucherais pas cette nuit. Je ne puis dire s'il porta ses pas de ce côté ou dans une autre direction.

Entre huit et neuf heures du soir, lorsque l'obscurité commença à tomber, nous allâmes nous promener sur la terrasse, pour admirer la beauté du firmament, où l'on voyait briller des myriades d'étoiles, auxquelles un froid assez piquant pour le mois d'août semblait ajouter un nouveau lustre. Tandis que nous regardions ce spectacle magnifique, miss Geddes fut la première à nous faire remarquer une étoile qui filait, dit-elle, et dont des étincelles brillantes marquaient le passage. Je levai les yeux vers la partie du ciel qu'elle nous désignait, et je vis distinctement deux fusées volantes s'élever successivement dans les airs et y éclater.

— Ces météores, dit M. Geddes en réponse à l'observation de sa sœur, ne sont pas formés dans le ciel, et ils ne présagent rien de bon pour ceux qui habitent sur la terre.

Comme il parlait encore, une autre fusée partit d'un autre point, comme un signal par lequel on répondait aux autres, et s'élevant bien haut, parut éclater au milieu des astres.

M. Geddes resta pensif quelques minutes, et dit ensuite à sa sœur : — Rachel, quoiqu'il commence à être tard, il faut que j'aille à la pêcherie, et je passerai la nuit dans la cabane du surveillant.

— Il n'est donc que trop certain, répondit miss Geddes, que les enfans de Bélial menacent notre établissement de filets. Josué, es-tu un homme de paix ? Iras-tu sciemment et volontairement risquer ta vie dans un endroit où le levain du vieil Adam peut fermenter en toi au point de te tenter jusqu'à prendre part à une scène de querelle et de violence?

— Je suis un homme de paix, Rachel, répondit M. Geddes; je le suis autant que nos amis peuvent l'exiger de l'humanité. Jamais je n'ai employé, et, avec l'aide de Dieu, jamais je n'emploierai le bras de la chair pour repousser ou punir l'injustice; mais si par la douceur et par des raisonnemens soutenus d'une conduite ferme, je puis empêcher ces gens grossiers de commettre un crime, et de dévaster un établissement dont je ne suis pas seul propriétaire, il me semble que je ne ferai qu'accomplir le devoir d'un homme et d'un chrétien.

A ces mots il ordonna qu'on sellât son cheval sur-le-champ, et sa sœur, sans lui faire de nouvelles objections, croisa les bras sur sa poitrine, et leva les yeux au ciel d'un air triste, mais résigné.

Ces détails peuvent paraître peu importans; mais dans la situation où je me trouve, il vaut mieux m'occuper à me rappeler le passé et à le consigner par écrit, que de me livrer sur l'avenir à de vaines conjectures qui ne m'offriraient que des sujets d'inquiétude.

Il aurait à peine été convenable que je restasse dans la maison quand celui qui en était le maître allait la quitter si précipitamment. Je lui demandai donc la permission de l'accompagner à sa pêcherie, en disant à sa sœur que je servirais de sauve-garde à son frère.

Cette proposition parut faire plaisir à miss Geddes.— Consens-y, mon frère, dit-elle, et que ce jeune homme suive le désir de son cœur, afin qu'il y ait près de toi, à l'heure du besoin, un témoin véridique pour rendre compte de tout ce qui se sera passé.

— Tu mérites d'être blâmée en cette occasion, Rachel, répondit le digne homme, puisque, pour apaiser tes craintes pour moi, tu veux exposer au danger, s'il y en a, un jeune homme qui est notre hôte, et pour qui bien des cœurs seraient sans doute dans l'affliction, s'il lui arrivait quelque accident.

— Non, mon digne ami, m'écriai-je en lui serrant la main ; je ne suis pas si heureux que vous vous l'imaginez. Si le fil de mes jours devait être tranché cette nuit, bien peu de gens sauraient que celui qui est à présent auprès de vous a existé vingt ans sur la surface de la terre ; et dans ce petit nombre, un seul me regretterait sincèrement. Ne me refusez donc pas la permission que je vous demande de vous suivre, et de vous prouver, par cette faible marque d'affection, que si j'ai peu d'amis, je suis du moins jaloux de les servir.

— Tu as le cœur bon, j'en réponds, dit Josué en me serrant la main à son tour. — Rachel, le jeune homme m'accompagnera. Pourquoi ne ferait-il pas face au danger quand il s'agit de maintenir la paix et de servir la justice ? — Je sens en moi, ajouta-t-il en levant les yeux au ciel, avec un enthousiasme momentané que je n'avais pas encore remarqué en lui, et qui appartenait peut-être plus à sa secte qu'à son caractère, je sens en moi quelque chose qui m'assure que, quoique les enfans de Bélial puissent avoir la fureur des vagues de l'Océan, il ne leur sera pas donné de prévaloir contre nous.

Ayant ainsi parlé, M. Geddes me fit seller un cheval, et ayant pris un panier avec quelques provisions, et un domestique qui devait ramener les chevaux, pour lesquels il n'y avait pas de place convenable à la pêcherie, nous partîmes à environ neuf heures du soir ; et après trois quarts d'heure de marche nous arrivâmes à notre destination.

Cet établissement consiste, ou pour mieux dire consistait alors en quatre ou cinq huttes pour autant de pêcheurs, avec un atelier pour un tonnelier, quelques hangars, et une chaumière un peu mieux construite, où demeurait le surveillant de la pêcherie. Nous donnâmes nos chevaux au domestique, pour qu'il les reconduisît à Mont-Sharon, mon compagnon ayant trop d'humanité pour les laisser en plein air, ou exposés à quelque péril. Il frappa à la porte, et nous entendîmes aussitôt des chiens aboyer. Mais dès qu'ils furent près de la porte ils se turent, instruits par leur odorat que c'était un ami qui s'y présentait.

Une voix rauque nous demanda, d'un ton assez brusque et désobligeant, qui nous étions et ce que nous voulions, et ce ne fut que lorsque Josué se fut nommé et eut ordonné qu'on ouvrît la porte, que le surveillant se montra, accompagné de trois gros chiens de Terre-Neuve. Il tenait un chandelier à la main, et l'on voyait à sa ceinture deux de ces grands pistolets dont on se sert à bord des vaisseaux de guerre. C'était un homme d'un certain âge, mais encore vigoureux, qui, comme je l'appris ensuite, avait servi dans la marine, et jouissait de toute la confiance de la compagnie, aux intérêts de laquelle il était chargé de veiller sous les ordres de M. Geddes.

— Tu ne m'attendais pas ce soir, ami Davies, dit le quaker au surveillant, qui nous préparait des sièges près du feu.

— Non, M. Geddes, je ne vous attendais pas, et pour dire la vérité, je ne désirais pas vous voir.

— C'est parler franchement, John Davies.

— Sans doute, monsieur, sans doute; je sais que Votre Honneur n'aime pas de longs sermons le dimanche.

— Et tu devines sans doute ce qui nous amène si tard, John Davies?

— Je le présume, monsieur. C'est sans doute parce que ces damnés de contrebandiers ont tiré leurs signaux le long des côtes pour rassembler leurs forces, comme ils le firent la nuit qu'ils détruisirent la digue et l'écluse là-haut sur la rivière; et s'ils ont dessein de venir faire du dégât ici, j'aimerais mieux que vous n'y fussiez pas; car Votre Honneur n'est pas chargé d'armes, à ce que je pense, et il est possible que la nuit soit chaude, Votre Honneur.

— L'honneur n'appartient qu'à Dieu, John Davies. Je t'ai déjà dit de ne pas te servir de ce terme en me parlant.

— Je ne m'en servirai plus, Votre... je n'ai pas dessein de vous offenser. Mais comment diable un homme peut-il s'amuser à choisir ses mots quand il est sur le point d'en venir aux coups?

— J'espère qu'il n'en sera rien, John Davies. Appelle tous nos gens, afin que je leur donne mes instructions.

— Je pourrais les appeler jusqu'au jour du jugement, M. Geddes, avant qu'un seul d'entre eux me répondît. Les misérables marins d'eau douce ont mis à la voile tous, jusqu'au tonnelier, dès qu'ils ont appris que l'ennemi était en mer. Ils se sont jetés dans les chaloupes, et ont laissé le navire au milieu des écueils sans autre équipage que le petit Phil et moi. C'est la vérité, M. Geddes, par...

— Ne le jure pas, John Davies. Tu es un honnête homme, et je n'ai pas besoin de ton serment pour croire que tes camarades s'aiment mieux eux-mêmes que tout ce qui m'appartient. Ainsi vous n'avez d'aide à espérer que du petit Phil, contre une centaine d'hommes, peut-être deux cents?

— J'ai aussi Neptune et Téthys, Votre Honneur, avec leur petit qui est en état de faire quelque chose. Et puis, si Votre Honneur, sauf votre respect, n'est pas l'homme sur qui il faille compter, quand il s'agit de batailler, voilà un jeune homme qui peut me donner un coup de main.

— Sans doute, et je vois que vous êtes pourvu d'armes; montrez-les-moi.

— Les voilà, monsieur. Oui, oui, c'est une paire de chiens marins qui sauront mordre comme aboyer. Ils nous débarrasseront au moins de deux de ces bandits. Ce serait une honte de baisser pavillon sans avoir fait feu. Prenez garde, Votre Honneur, j'y ai mis double charge.

— Oui, oui, John Davies, j'y prendrai garde, répondit le quaker en jetant les deux pistolets dans un baquet plein d'eau; et je voudrais pouvoir de même rendre inutile en ce moment toute l'espèce de ces instrumens de destruction.

Un nuage de mécontentement couvrit le front de John Davies. — Il paraît donc que Votre Honneur va commander lui-même la manœuvre, dit-il après un moment de silence; et puisque Votre Honneur, ou quel que soit le nom qu'il faille lui donner, a dessein de baisser pavillon tranquillement, je crois que vous ferez mieux cette besogne sans moi que si je reste avec vous,

JOURNAL DE DARSIE LATIMER. 51

car il est assez probable que mon sang s'échauffera, j'en conviens : mais je ne puis quitter mon poste sans ordres.

— Eh bien! John Davies, je te donne celui de te rendre sur-le-champ à Mont-Sharon, et d'emmener avec toi le petit Phil. Où est-il donc?

— Je l'ai placé en vedette pour surveiller les mouvemens de ces coquins; mais à quoi bon savoir quand ils arriveront, si nous ne devons pas même les saluer d'une décharge?

— Nous n'emploierons que les armes du bon sens et de la raison.

— Autant vaut jeter du son d'orge contre le vent, que de parler raison à de pareils vauriens.

— Soit! mais écoute-moi, John Davies. Je sais que tu es ce que le monde appelle un homme brave, et j'ai toujours reconnu en toi un brave homme. Je t'ordonne donc de te rendre de suite à Mont-Sharon, et de laisser Phil à quelque distance sur les hauts sables. Aie soin de couvrir le pauvre enfant d'un bon manteau. Qu'il examine ce qui se passera ici, et si l'on y exerce quelques violences, qu'il aille t'en informer. En ce cas, je me fie à ta fidélité pour conduire ma sœur à Dumfries, chez nos amis les Corsacks, et pour informer les autorités civiles de ce qui sera arrivé.

Le vieux marin réfléchit un moment. — Il est dur pour moi, dit-il enfin, de laisser Votre Honneur en tribulation; et cependant, en restant ici, je ne ferais que rendre pire ce qui est déjà assez mauvais. D'ailleurs il faut songer à la sœur de Votre Honneur, miss Rachel; car si ces enragés s'y mettent une fois, ils courront à Mont-Sharon, après avoir détruit et ravagé cette petite rade, où je comptais rester sur mes ancres jusqu'à la fin de ma vie.

— Bien, fort bien, John Davies; et tu feras bien d'emmener les chiens avec toi.

— Sans doute, monsieur, sans doute; car ils pensent un peu comme moi; s'ils voyaient tout dévaster ici, ils ne pourraient se tenir tranquilles, et il leur arriverait peut-être malheur, pauvres créatures! Ainsi donc, que Dieu protège Votre Honneur, car je ne puis me résoudre à prononcer le mot d'adieu. — Neptune! Téthys! mes chiens, ici.

Et à ces mots, John Davies sortit la tête basse.

— Tu vois partir une des meilleures et des plus fidèles créatures qui aient jamais existé, me dit M. Geddes comme le surveillant fermait la porte de la chaumière. La nature lui a donné un cœur qui ne lui permettrait pas de faire mal à une mouche; mais tu vois, ami Latimer, que, de même que les hommes arment leurs boule-dogues de colliers de fer, garni de pointes, et leurs coqs d'éperons d'acier, pour les aider à combattre, ils corrompent par l'éducation les caractères les plus doux et les plus paisibles, au point que la fermeté et le courage deviennent obstination et férocité. Crois-moi, ami Latimer, autant vaudrait exposer le chien fidèle qui garde ma maison à la rage d'une bande de loups affamés, que cette digne créature à la violence de cette troupe de furieux. Mais je n'ai pas besoin de t'en dire davantage sur ce sujet, mon ami Latimer, car ton éducation t'a sans doute appris à croire qu'on prouve son courage et qu'on acquiert de l'honneur, non en souffrant, comme doit le faire un homme, ce que le destin nous appelle à souffrir, et en agissant comme la justice l'exige de nous ; mais en se montrant prêt à opposer la force à la force, et en considérant la plus légère insulte comme une provocation suffisante à l'effusion du sang et même au meurtre. Mais laissons ces points de controverse pour une occasion plus convenable, et voyons ce que contient ce panier ; car je suis un de ces hommes, ami Latimer, à qui ni la crainte ni l'inquiétude n'ôtent l'appétit.

Nous y trouvâmes des provisions, auxquelles M. Geddes fit honneur comme s'il avait été dans une sécurité parfaite, et je trouvais même dans sa conversation plus de gaieté que de coutume. — Après avoir soupé, nous sortîmes ensemble et nous nous promenâmes quelques minutes sur les bords de la mer. La marée était à son plus haut degré d'élévation, et le reflux ne se faisait pas encore sentir. La lune brillait sur la surface tranquille du Solway, et laissait apercevoir un léger bouillonnement autour des pieux dont on voyait la pointe s'élever à quelques pouces au-dessus des eaux de la mer, tandis qu'elle rendait visibles les liéges flottans qui marquaient la ligne des filets étendus. A une plus grande distance, car l'embouchure est fort large en cet endroit, on apercevait les côtes d'Angleterre, semblables à un de ces brouillards épais qui, dit-on, laissent quelquefois les marins dans le doute s'ils voient la terre ou quelque illusion atmosphérique.

— Nous ne serons pas troublés d'ici à quelques heures, me dit M. Geddes ; ils ne viendront pas ici avant que la marée soit assez basse pour leur permettre de détruire les filets. N'est-il pas bien étrange de penser que de cette scène si tranquille les passions humaines feront bientôt une scène de dévastation ?

5.

Il régnait vraiment un calme si pur et si parfait, que les vagues indomptables du Solway semblaient sommeiller. Aucun oiseau des ténèbres ne faisait entendre ses cris sur le rivage. Le coq gardait encore le silence. Nous marchions nous-mêmes plus légèrement que pendant le jour, comme si nous eussions craint que le bruit de nos pas ne troublât le profond repos qui régnait autour de nous. Enfin nous entendîmes le cri plaintif d'un chien, et en rentrant dans la chaumière, nous trouvâmes à la porte le plus jeune des trois animaux qui étaient partis avec John Davies. Soit qu'il ne fût pas accoutumé à faire de longues marches et à suivre son maître, soit qu'il se fût égaré et qu'il n'eût pu rejoindre les autres, il était revenu vers le toit qui l'avait vu naître.

— C'est un faible renfort pour une faible garnison, dit M. Geddes en caressant le jeune chien et en le faisant entrer dans la chaumière. Pauvre bête! comme tu es incapable de faire du mal, j'espère qu'on ne t'en fera aucun. Du moins tu nous serviras de sentinelle, et tu nous permettras de goûter quelque repos, dans la certitude où je suis que tu donneras l'alarme quand l'ennemi approchera.

Il y avait deux lits dans la cabane du surveillant, et nous nous jetâmes dessus. M. Geddes, grace à son heureuse égalité d'ame, ne fut pas cinq minutes à s'endormir. Je restai quelque temps livré à des réflexions inquiétantes, regardant le feu et les mouvemens du jeune chien, qui, surpris sans doute de l'absence de John Davies, allait de la cheminée à la porte, s'approchait du lit et me léchait les mains. Voyant que je ne repoussais pas ses avances, il s'établit à mes pieds, et s'endormit, exemple que je ne tardai pas à suivre.

La manie de la narration, mon cher Alan, car je n'abandonnerai jamais l'espérance que ce que j'écris vous parviendra un jour, ne m'a jamais quitté, même pendant ma détention ; et les détails étendus, quoique peu importans, dans lesquels je viens d'entrer, m'obligent à commencer une autre feuille. Heureusement j'ai une écriture si serrée que je puis faire tenir beaucoup de choses sur peu de papier.

CHAPITRE IV.

CONTINUATION DU JOURNAL DE DARSIE LATIMER.

L'AURORE commençait à poindre, et M. Geddes et moi nous dormions encore profondément quand mon compagnon de lit, le jeune chien, donna l'alarme, d'abord en grondant par intervalles, et ensuite en annonçant d'une manière plus bruyante l'approche de l'ennemi. J'ouvris la porte de la chaumière, et j'aperçus à une centaine de toises une troupe d'hommes rangés en colonne serrée, que j'aurais pris pour une haie si je n'avais vu qu'ils avançaient rapidement et en silence.

Le chien courut à eux, mais il revint sur-le-champ vers moi en hurlant, ayant probablement reçu quelque coup de bâton ou de pierre. Ne sachant quel genre de tactique M. Geddes voulait adopter, ni quelle espèce de traité il pouvait avoir dessein de proposer, j'allais rentrer dans la chaumière quand il arriva à la porte, et passant son bras sous le mien : — Marchons sans crainte au-devant d'eux, me dit-il ; nous n'avons rien fait dont nous ayons à rougir. — Amis, s'écria-t-il en élevant la voix, qui êtes-vous? Que venez-vous faire?

De grands cris de moquerie furent la seule réponse qu'il reçut, et deux joueurs de violon qui marchaient en tête de la troupe firent entendre l'air insultant :

<blockquote>
La femme du quaker dansa joyeusement,
Et le quaker dansa de même.
</blockquote>

Même dans ce moment d'alarme, je crus reconnaître le coup d'archet du vieil aveugle connu sous le nom de Willie-le-Vagabond, à cause de la vie errante qu'il menait. Ils continuèrent à avancer au grand pas et en bon ordre, précédés

<blockquote>
Des violons, jouant des airs guerriers.
</blockquote>

En s'approchant de nous, ils nous entourèrent par un mouvement subit, et un cri général s'éleva : — Sus au quaker! sus au quaker! nous les tenons tous deux, le quaker mouillé et le quaker sec.

— Eh bien, dit un d'entre eux, il faut pendre le quaker mouillé pour le sécher, et jeter à l'eau le quaker sec pour le mouiller.

— Et où est cette vieille loutre de mer, John Davies ? s'écria un autre; il a détruit à lui seul plus de poisson que nous n'en avons pris tous ensemble. Nous avons un vieux corbeau à plumer, et j'ai un sac pour en emporter les plumes.

Nous restions dans un état d'immobilité, car toute résistance contre une centaine d'hommes armés de fusils, de javelines à poisson, de pieux, de pioches et de gros bâtons, aurait été un acte de folie véritable. Cependant M. Geddes, avec sa voix sonore, répondit à la question qui avait été faite sur son surveillant, d'un ton d'indifférence et de fermeté qui força ces mutins à y faire attention.

— John Davies, dit-il, sera bientôt, j'espère, à Dumfries, et...

— Pour amener contre nous des Habits-Rouges et des dragons, vieil hypocrite ! s'écria-t-on de toutes parts.

On lui porta à l'instant un coup que je parai avec le bâton que j'avais en main ; mais je fus sur-le-champ renversé moi-même par un autre. J'ai un souvenir vague d'avoir entendu quelques voix s'écrier : — Tuez le jeune espion ! — tandis que d'autres paraissaient intervenir en ma faveur. Mais un second coup que je reçus sur la tête, au milieu du tumulte, me priva de connaissance, et il se passa quelque temps avant que je reprisse l'usage de mes sens.

Quand je revins à moi, j'étais couché sur le même lit que j'avais quitté lors de l'arrivée de ces misérables, et mon pauvre compagnon, le jeune chien de Terre-Neuve, dont le courage avait cédé au tumulte, était serré contre moi, tout tremblant, et hurlant de terreur d'un ton plaintif. Je doutai d'abord si tout ce qui venait de se passer n'était pas un rêve ; mais quand je voulus me lever, les douleurs que j'éprouvai, et une sorte d'éblouissement, me convainquirent que les coups que j'avais reçus n'étaient que trop réels. Je cherchai à recueillir mes sens, j'écoutai, et j'entendis dans le lointain les cris de ces furieux qui complétaient sans doute leur œuvre de dévastation. Je fis un second effort pour me lever, ou du moins pour me retourner, car j'avais le visage du côté de la muraille, et je m'aperçus que je n'avais plus la liberté de mes mouvemens : on m'avait garotté tous les membres, non avec des cordes à la vérité, mais avec du linge dont on s'était servi pour me lier les jambes et pour attacher mes bras le long de mon corps. Quand je me vis ainsi captif, mes souffrances m'arrachèrent un gémissement.

Une voix qui se fit entendre à côté de moi me dit alors d'un ton presque pleureur : — Chut! chut! retenez votre langue comme un brave garçon ; vous nous avez déjà coûté assez cher. Mon pauvre mari! qu'est-ce qu'il m'en reste à présent!

Je reconnus le son de voix et la manière de parler de la femme du musicien ambulant, et je lui demandai où était son mari, et s'il avait été blessé.

— Brisé, me répondit-elle, brisé en pièces : il n'est plus bon qu'à jeter au feu, et c'était le meilleur sang d'Écosse.

— Brisé! sang! Votre mari est-il blessé? a-t-il eu des membres brisés?

— Des membres brisés! Je voudrais que mon mari se fût brisé le meilleur os de tout son corps, plutôt que de briser un violon qui était le meilleur sang d'Écosse; un Crémony (1), à ce que j'ai entendu dire.

— Oh! ce n'est donc que son violon?

— Je ne sais quel plus grand malheur Votre Honneur voudrait qui lui fût arrivé, si ce n'est de se casser le cou ; et c'est à peu près la même chose pour mon pauvre Willie et pour moi... Oh! il est bien aisé de dire oh! —

(1) Un Crémone. — Ed.

Qui nous donnera autre chose que de l'eau à boire aujourd'hui que notre gagne-pain est parti? il faudra que nous marchions pieds nus et ventre vide.

— Non, bonne femme, non : je vous donnerai de quoi acheter vingt violons semblables.

— Vingt violons semblables! On voit bien que vous n'y connaissez rien : on ne trouverait pas son pareil dans tout le pays. Mais quand vous voudriez nous le payer, ce qui serait sûrement à votre honneur en ce monde et dans l'autre, où prendriez-vous l'argent?

— Je n'en manque pas, lui dis-je en faisant un effort inutile pour mettre la main dans ma poche; détachez-moi les bras, et je vais vous en donner sur-le-champ.

Cette promesse parut faire impression sur elle; elle s'approcha du lit, et je me croyais à l'instant de recouvrer la liberté de mes membres, quand de nouveaux cris se firent entendre, et, à ce qu'il paraissait, à peu de distance de la chaumière.

— Je n'oserais, dit la pauvre femme; non, je n'oserais : ils nous assassineraient mon pauvre Willie et moi; et ils nous ont déjà assez maltraités. Mais s'il y a quelque autre chose au monde que je puisse faire pour vous, vous n'avez qu'à parler.

Ces derniers mots me rappelèrent à mes souffrances corporelles. L'agitation d'esprit, et le mauvais traitement que j'avais reçu, m'avaient donné une soif brûlante, et je lui demandai un verre d'eau.

— A Dieu ne plaise, s'écria-t-elle, qu'Epps Ainslie donne jamais un verre d'eau à un jeune homme comme vous, et surtout quand il a la fièvre! Attendez, attendez; laissez-moi faire, je sais mieux que vous ce qui vous convient.

—Donnez-moi ce que vous voudrez, lui dis-je, pourvu que ce soit quelque boisson fraîche.

Elle me présenta une grande corne pleine d'eau et d'eau-de-vie, et je la vidai tout d'un trait sans trop m'informer de ce qu'elle contenait. Soit que cette liqueur spiritueuse, prise de cette manière, produisît un effet subit et extraordinaire sur mon cerveau, soit qu'on eût mêlé quelque drogue dans ce breuvage, le fait est que je ne me souviens que très-confusément de ce qui se passa ensuite, si ce n'est que je ne voyais plus qu'indistinctement tout ce qui était autour de moi, et que la figure de cette femme semblait se multiplier et se montrer aux deux côtés de mon lit en même temps, et en m'offrant toujours les mêmes traits. Je me souviens aussi que le bruit et les cris que j'entendais hors de la chaumière me parurent aller peu à peu en s'affaiblissant, à peu près comme la voix d'une nourrice qui cherche à endormir son nourrisson. Enfin je tombai dans un sommeil profond, ou, pour mieux dire, dans un état d'anéantissement total.

J'ai lieu de croire que cette espèce de léthargie dura toute la journée et une partie de la nuit suivante. Mais elle fut troublée par bien des rêves pénibles dont il me reste à peine un souvenir. Enfin le moment du réveil arriva, et mes sensations alors furent horribles.

Un bruit sourd que, dans la confusion de mes idées, je pris encore pour les cris de ces brigands, fut la première chose qui attira mon attention. Je reconnus ensuite qu'il était produit par une voiture dans laquelle j'étais, et dont le mouvement violent et inégal me faisait beaucoup souffrir. J'essayai alors d'étendre les bras pour chercher une attitude plus commode; mais je vis que j'étais garotté comme auparavant, et je n'eus plus à douter de l'affreuse réalité : — j'étais entre les mains des scélérats qui venaient de commettre un attentat contre la propriété d'autrui, et qui allaient m'emmener Dieu sait où, peut-être m'assassiner. Je cherchai à voir autour de moi, mais inutilement : j'étais dans une obscurité profonde, car un jour s'était passé depuis que j'étais captif. Mon cœur semblait vouloir s'élancer hors de ma poitrine, tant il battait avec force; mon front était brûlant, et j'avais les mains et les pieds engourdis par le défaut de circulation. Ce fut avec la plus grande difficulté que je recouvrai peu à peu une partie de mes sens pour examiner ma situation, et écouter tous les sons du dehors; mais je n'y trouvai rien de consolant.

Rampant à l'aide de mes mains, autant que mes liens me le permettaient, et à la faveur d'un rayon de la lune, je reconnus que la voiture sur laquelle je me trouvais était un de ces chariots légers du pays, appelés *tumblers*; et qu'on avait eu quelques égards pour ma situation, car on m'avait placé sur une espèce de matelas formé de sacs remplis de paille. Sans cette attention ma position aurait été encore plus insupportable, car le chariot, penchant tantôt à droite, tantôt à gauche, et quelquefois s'arrêtant tout à coup et exigeant les plus violens efforts de l'animal qui le traînait, pour être remis en mouvement, occasionait à chaque instant des secousses très-douloureuses; dans d'autres momens il roulait silencieusement et très-doucement sur ce qui me paraissait du sable mouillé; et comme j'entendais dans le lointain le bruit de la marée, je ne doutai pas que nous traversions le golfe formidable qui sépare les deux royaumes.

Il semblait y avoir au moins cinq à six hommes autour du chariot, les uns à pied, les autres à cheval. Les premiers prêtaient leurs secours toutes les fois que la voiture était en danger de verser ou restait embourbée dans les sables; les autres la précédaient et servaient de guides, faisant changer la direction de la marche aussi souvent que l'exigeait la route.

Je m'adressai aux hommes qui entouraient le chariot, et je m'efforçai d'émouvoir leur compassion. — Je n'avais fait tort à personne, leur dis-je, et nulle action de ma vie n'avait mérité un traitement si cruel; je n'avais aucun intérêt dans la pêcherie qui avait encouru leur déplaisir, et je ne connaissais M. Geddes que depuis très-peu de temps; enfin, et pour dernier argument, je cherchai à leur inspirer des craintes, en les assurant que mon rang dans le monde ne permettait pas qu'on m'assassinât ou qu'on me fît disparaître avec impunité; et j'ajoutai, pour intéresser leur cupidité, la promesse d'une récompense très-libérale s'ils voulaient me rendre la liberté.

Ils ne répondirent à mes menaces que par des éclats de rire méprisans; mais mes promesses parurent produire plus d'effet, car je les entendis se consulter ensemble, comme s'ils eussent hésité sur ce qu'ils devaient faire. Je réitérais mes offres, et j'en faisais de plus séduisantes encore, quand la voix d'un des hommes à cheval, qui était survenu tout à coup, commanda le silence; et cet individu, s'approchant du chariot, me dit d'une voix forte et déterminée : — Jeune homme on ne vous veut aucun mal : si vous restez tranquille et silencieux, vous pouvez compter que vous serez bien traité; mais si vous cherchez à gagner des gens qui ont leur devoir à remplir, je prendrai, pour vous imposer silence, des mesures dont vous vous souviendrez jusqu'au dernier jour de votre vie.

Il me sembla que la voix qui me parlait ainsi ne m'était pas inconnue; mais, dans la situation où je me trouvais, on peut supposer que je ne pouvais m'en regarder comme bien assuré. Je me contentai de lui répondre : — Qui que vous soyez, je demande à être traité comme le plus vil des prisonniers, contre lesquels on n'exerce d'autre contrainte que celle qui est nécessaire pour s'assurer de leur personne; je vous prie de relâcher ces liens qui me blessent, si vous ne voulez m'en délivrer entièrement.

— Je les relâcherai; je vous en délivrerai même tout-à-fait, et je vous permettrai de continuer votre voyage d'une manière plus commode, pourvu que vous me donniez votre parole d'honneur que vous ne chercherez pas à vous évader.

— Jamais, m'écriai-je avec une énergie dont le désespoir seul pouvait me rendre capable, jamais je ne consentirai à la perte de ma liberté!...

— Fort bien, ce sentiment est naturel; mais, de votre côté, vous ne devez pas vous plaindre si, moi qui exécute une entreprise importante, j'emploie les seuls moyens en mon pouvoir pour en assurer le succès.

Je le priai de me dire ce qu'on voulait faire de moi; mais mon conducteur, d'une voix menaçante, me prescrivit de garder le silence par amour pour moi-même; et mes forces étaient trop épuisées pour me permettre de continuer ce dialogue étrange, quand même j'aurais dû m'en promettre un heureux résultat.

Il est bon d'ajouter ici que, d'après le son de voix

que j'avais cru reconnaître, et d'après ce qui s'est passé depuis ce temps, j'ai les plus fortes raisons de croire que l'homme avec lequel j'eus cette courte conversation est l'être singulier demeurant à Brokenburn, dans le comté de Dumfries, que les pêcheurs de ce hameau nomment le Laird des Lacs du Solway. Mais quel motif a-t-il pour me persécuter ainsi? c'est ce que je ne puis même conjecturer.

Pendant ce temps le chariot avançait pesamment, et les mugissemens de la marée montante commencèrent à m'inspirer la crainte d'un autre danger. Je ne pouvais me tromper sur ce bruit, car je l'avais entendu dans une autre occasion où la vitesse d'un excellent cheval m'empêcha seule de périr sur les sables mouvans (1). Vous pouvez vous rappeler cette circonstance, mon cher Alan, mais en ce moment, quel contraste! le même homme, autant que je pouvais le croire, qui m'avait alors sauvé de ce péril, était à la tête des bandits qui venaient de me priver de ma liberté! Je conjecturai que le danger devenait pressant, car j'entendis quelques mots, et je m'aperçus de quelques mouvemens qui me prouvèrent qu'un des cavaliers avait attaché à la hâte son cheval au chariot, pour aider celui qui y était attelé, et dont les forces semblaient épuisées. Nous avançâmes alors d'un train plus rapide, et l'on employait tour à tour le fouet et les imprécations pour animer les chevaux. Cependant ces gens étaient des habitans du voisinage, et j'avais les plus fortes raisons pour croire

---

(1) Cette scène, racontée dans la lettre IV adressée à Alan Fairford, forme le sujet de la vignette du titre du premier volume. — Éd.

6.

que l'un d'eux au moins connaissait parfaitement tous les dangers que pouvait offrir le chemin que nous parcourions. Mais ils étaient eux-mêmes en péril, ou du moins je devais le croire d'après la manière dont ils se parlaient à voix basse, et les efforts qu'ils ne cessaient d'employer pour faire marcher le chariot plus rapidement ; dans ce cas, il ne m'était guère permis de douter que, si leur sûreté l'exigeait, ils m'abandonneraient comme un fardeau qui ne servait qu'à les retarder, tandis que j'étais dans une situation qui ne me laissait aucune chance de salut. Ces craintes étaient terribles ; mais il plut à la Providence de les augmenter au point que mon cerveau était à peine en état de les supporter.

Comme nous approchions d'une ligne noire qui, vue dans l'obscurité, me paraissait devoir être le rivage, nous entendîmes deux ou trois fois un bruit qui parut provenir d'armes à feu. Un mouvement général s'opéra dans notre troupe, et l'on redoubla d'efforts pour accélérer la marche. Presque au même instant, un autre drôle, à cheval, s'avança vers nous en s'écriant : — Alerte ! alerte ! les requins de terre sont arrivés de Burgh, et la cargaison d'Allonby Tom est perdue si vous ne lui donnez un coup de main.

Il me parut qu'en apprenant cette nouvelle toute la troupe courut vers le rivage. Il resta pourtant quelqu'un pour conduire le chariot ; mais, après avoir manqué de l'embourber bien des fois, voyant une roue enfoncée dans un creux dont tous ses juremens ne purent le tirer, il coupa les traits des chevaux pour s'enfuir avec eux, comme je le présumai, car j'entendais le bruit de l'eau qui jaillissait sous leurs pieds tandis qu'ils galopaient sur les sables mouillés.

Le bruit des décharges d'armes à feu continuait à se faire entendre de temps en temps ; mais il était souvent couvert par le tonnerre des vagues qui s'avançaient. Par un effort de désespoir, je parvins à me mettre sur mon séant dans le chariot, mais je n'y gagnai que de mieux voir le danger qui me menaçait. En face de moi était mon pays natal ! mon Angleterre ! le sol sur lequel j'étais né, et vers lequel, depuis mon plus jeune âge, tous mes désirs s'étaient portés avec toute la force du préjugé national ! Je le voyais à deux cents pas de l'endroit où j'étais, à une distance qu'un enfant aurait parcourue en une minute, et cependant une barrière m'en fermait l'entrée, et me retenait dans le péril d'une mort presque inévitable. Non-seulement j'entendais les mugissemens de la marée furieuse, mais je voyais dans le lointain les vagues couronnées d'écume s'avancer avec la rapidité et la fureur d'une troupe de loups affamés.

La certitude qu'il ne restait pas le plus léger moyen d'espérance, et que j'étais privé de tout moyen de lutter contre mon destin, fit évanouir la fermeté qui m'avait soutenu jusqu'alors. La crainte me donna des vertiges, ma tête et mes yeux commencèrent à s'égarer ; je mêlai mes gémissemens et mes soupirs aux hurlemens affreux de la mer. Deux énormes vagues avaient déjà mouillé les roues du chariot, quand tout à coup le chef de la bande, celui dont j'ai déjà parlé si souvent, se trouva à côté de moi comme par magie. Il sauta de son cheval dans le chariot, coupa les liens qui me retenaient, et m'ordonna, au nom du diable, de me lever et de monter à cheval.

Voyant que j'étais hors d'état de lui obéir, il me

saisit comme si j'avais été un enfant de six mois, me jeta en travers sur son cheval, sauta derrière moi, et me soutint d'une main tandis qu'il dirigeait son coursier de l'autre. Dans cette posture pénible, et dont il m'était impossible de changer, à peine pouvais-je juger du degré de danger que je courais; mais je crois que pendant un instant le cheval se trouva à la nage ou à peu près, et que ce ne fut pas sans peine que le cavalier, placé derrière moi, me tint la tête hors de l'eau. Je me rappelle surtout le choc que j'éprouvai à l'instant où le cheval, voulant gravir le rivage, se dressa sur les pieds de derrière, et pensa s'affaisser sous son double fardeau. Cette affreuse situation ne dura probablement pas deux ou trois minutes; mais elles furent marquées par une si horrible agonie, qu'elles semblent encore présenter à mon souvenir un intervalle bien plus considérable.

Après avoir été ainsi arraché à la mort, je n'eus que la force de dire à mon protecteur ou à mon oppresseur (car il méritait de moi ces deux titres) : — Vous n'avez donc pas dessein de m'assassiner ?

Il sourit en me répondant; mais me préserve le ciel de revoir jamais un semblable sourire! — Si j'en avais le projet, me dit-il, j'aurais pu en laisser le soin aux vagues. Songez pourtant que le berger sauve ses moutons du torrent.

— Est-ce pour leur conserver la vie ?

— Gardez le silence! point de questions! point de prières! vous ne pouvez pas plus découvrir ou empêcher ce que je veux faire, qu'il n'est possible à un homme de tarir le Solway avec le creux de sa main.

J'étais trop épuisé pour discuter sur ce point; tous

mes membres étaient engourdis et comme paralysés, et je me laissai placer sans résistance sur un cheval qu'on m'avait amené sur la rive. J'étais entre mon conducteur et un autre individu, tous deux à cheval, et tous deux m'aidant d'une main à me soutenir sur le mien. Nous voyageâmes ainsi, toujours grand train, en suivant des chemins écartés que mon étrange guide semblait connaître aussi bien que les passages périlleux du Solway.

Enfin, après avoir parcouru un labyrinthe de sentiers sombres et étroits, et avoir traversé quelques plaines arides couvertes de bruyères, nous arrivâmes près d'une grande route, où une chaise attelée de quatre chevaux semblait attendre notre arrivée. Ce changement dans notre façon de voyager fut pour moi un grand soulagement; car mes douleurs de tête et mes éblouissemens étaient revenus à un tel point, qu'il m'eût été impossible de me soutenir plus long-temps à cheval, même avec l'assistance que je recevais.

Le plus redouté de mes compagnons me fit signe de monter en voiture; l'homme qui avait toujours été à la gauche de mon cheval y monta après moi, en tira les rideaux, et donna ordre au postillon de partir.

J'avais entrevu la physionomie de mon nouveau compagnon, tandis qu'un postillon, une lanterne sourde à la main, ouvrait la portière de la voiture; et je fus presque convaincu que je reconnaissais en lui le domestique du Laird des Lacs, que j'avais vu chez lui à Brokenburn, la nuit que j'y avais logé. Pour m'assurer si mes conjectures étaient justes, je lui demandai s'il ne se nommait pas Cristal Nixon.

— Qu'avez-vous besoin de connaître le nom des autres, me répondit-il d'un ton bourru, vous qui ne connaissez pas même ceux de votre père et de votre mère?

— Mais vous, vous les connaissez peut-être! m'écriai-je avec vivacité; et le traitement que j'éprouve en ce moment a quelque rapport à ce secret; car de ma vie je n'ai offensé personne. Apprenez-moi la cause de mes infortunes, ou plutôt rendez-moi la liberté, et je vous récompenserai richement.

— Sans doute, sans doute. Mais à quoi bon vous rendre la liberté? vous ne savez pas en user en homme comme il faut, puisque vous passez tout votre temps avec des quakers, des musiciens vagabonds et semblable canaille. Si j'étais votre... hem! hem! hem!

Il s'interrompit tout à coup à l'instant où il paraissait que quelque renseignement qui aurait pu m'être utile allait lui échapper. Je le pressai encore d'être mon libérateur, et je lui promis tout l'argent que j'avais sur moi, et la somme était assez considérable, s'il voulait m'aider à m'échapper.

Il m'écouta comme si cette proposition avait quelque intérêt pour lui, et il me répondit d'une voix qui me parut un peu adoucie: — Fort bien, mon Maître; mais on ne prend pas de vieux oiseaux avec du son. Où trouverez-vous ces belles guinées dont vous faites tant d'étalage?

— Je vous paierai à l'instant, m'écriai-je, et en bons billets de banque. Je mis la main dans ma poche pour y prendre mon porte-feuille; mais il avait disparu. Je cherchais à me persuader que l'engourdissement de ma main était la seule cause qui m'empêchait de le trouver, quand Cristal Nixon, dont les traits annoncent ce cynisme qui trouve un malin plaisir dans les misères humaines, partit d'un grand éclat de rire.

— Oh! oh! mon jeune Maître, s'écria-t-il, nous avons eu soin de ne pas vous laisser les moyens de corrompre la fidélité de personne. Ne savez-vous pas que les pauvres gens ont une ame comme les autres, et que c'est un péché mortel de manquer à la confiance? Quant à moi, jeune homme, vous empliriez de guinées l'église de Sainte-Marie, qu'elles ne feraient pas plus d'impression sur Cristal Nixon que si c'étaient des pierres.

J'aurais insisté, quand ce n'eût été que dans l'espoir qu'il laisserait échapper quelque révélation importante pour moi; mais il coupa court à la conversation en m'invitant à m'appuyer dans le coin de la voiture, et à tâcher de dormir.

—Vous avez déjà le cerveau assez dérangé, me dit-il, et votre jeune tête se détraquera tout-à-fait si vous refusez à la nature un peu de sommeil.

Il est très-vrai que j'avais besoin de repos; le breuvage que j'avais pris continuait à opérer; et, convaincu qu'on n'avait pas de projet contre ma vie, la crainte d'une mort prochaine ne combattait plus l'espèce de torpeur qui m'accablait : je dormis, et dormis profondément; mais sans être restauré par le sommeil.

Lorsque je m'éveillai, je me trouvai extrêmement souffrant : l'image du passé, la perspective de l'avenir, flottaient confusément dans mon esprit. Je m'aperçus pourtant que ma situation était améliorée; j'étais dans un bon lit entouré de rideaux. J'entendis parler à voix basse et marcher avec précaution des gens qui semblaient respecter mon repos; j'aurais pu croire que je me trouvais entre les mains d'amis véritables, ou du moins de gens qui ne me voulaient aucun mal.

Je ne puis rendre qu'un compte fort inexact des deux ou trois jours suivans, pendant lesquels j'eus une fièvre ardente; mais s'ils furent troublés par des rêves pénibles, par des visions affreuses, ils furent quelquefois embellis par des objets agréables. Alan Fairford me comprendra quand je lui dirai que je suis convaincu que je vis la M. V. pendant cet intervalle d'anéantissement presque total. J'eus aussi le secours d'un médecin, et je fus saigné plus d'une fois. Je me souviens aussi qu'on me fit une opération douloureuse à la tête, où j'avais reçu un coup très-violent la nuit du tumulte; on me coupa les cheveux; enfin, on m'examina tous les os du crâne avec grand soin, pour voir s'ils n'étaient pas offensés.

Lorsque je vis le médecin, il eût été tout naturel que je lui parlasse de ma détention, et je me rappelle que je l'essayai plus d'une fois; mais la fièvre était comme un talisman pour ma langue, et quand je voulais implorer le secours du docteur, je divaguais, et je lui disais je ne sais quoi... des folies. Un pouvoir auquel il m'était impossible de résister donnait à ma conversation une tournure toute différente de ce que je m'étais proposé auparavant; et quoique je sentisse, jusqu'à un certain point, que je me manquais à moi-même, je ne pouvais faire mieux. Je résolus donc de prendre patience, et d'attendre, après avoir tant souffert, que la santé me rendît le libre usage de mes sens (1).

(1) La vignette du titre de ce deuxième volume représente le moment de l'attaque de la pêcherie racontée au commencement de ce chapitre. — Éd.

CHAPITRE V.

CONTINUATION DU JOURNAL DE DARSIE LATIMER.

J'avais gardé le lit deux ou trois jours, peut-être plus, peut-être moins ; j'avais été soigné et traité avec toute l'attention que le cas exigeait, et, à ce que je crois, avec toute l'intelligence possible ; il me fut enfin permis de me lever, mais non de quitter ma chambre. Je fus alors plus en état de faire quelques observations sur le lieu où j'étais détenu.

C'était un appartement auquel son ameublement prêtait l'apparence de la meilleure chambre d'une ferme. Il était au second étage, et les fenêtres donnaient sur une basse-cour peuplée de volaille, et autour de laquelle étaient toutes les attenances d'usage. Je pouvais voir une brasserie et une grange ; j'entendais des bestiaux mugir dans une grande étable plus éloignée ; enfin tout annonçait une ferme considérable. Tout ce que je pouvais voir et entendre concourait donc à éloigner de moi toute crainte de violence personnelle. Cependant on aurait pu prendre cet édifice pour une ancienne forteresse, car on voyait encore des créneaux sur une partie des toits, et les murailles étaient d'une certaine épaisseur. Enfin ce ne fut pas sans quelques sensations désagréables que je remarquai de grosses barres de fer récemment placées devant toutes les croisées, et que les domestiques qui venaient m'apporter mes repas ou s'acquitter de quelques autres fonctions avaient toujours soin, quand ils sortaient, de fermer la porte à double tour.

Du reste, il y régnait une propreté véritablement anglaise, et telle que je n'en avais jamais vu de l'autre côté de la Tweed. La vieille boiserie qui couvrait les murailles, et les planches même qui formaient le plancher, étaient frottées avec un soin que la servante écossaise accorde rarement aux meubles les plus précieux.

L'appartement destiné à mon usage se composait d'une chambre à coucher et d'un petit salon au bout duquel était un cabinet encore plus petit, éclairé par une espèce de lucarne étroite qui paraissait avoir servi autrefois de barbacane, et qui admettait si peu d'air et de jour, qu'il n'était guère possible de voir à travers autre chose que le firmament, encore fallait-il monter sur une chaise. Il paraissait y avoir eu une porte dans ce cabinet, indépendamment de celle qui communiquait avec le salon; mais elle avait été bouchée depuis peu, comme l'indiquaient quelques traces de maçonnerie encore toute fraîche que je découvris en soulevant un pan de tapisserie. J'y trouvai une partie de mes habits et de mon linge, et quelques autres effets, notamment mon nécessaire, qui contenait encre, plumes et papiers ; ce qui me donne le moyen d'écrire à loisir cette histoire de ma détention. Vous pouvez pourtant bien croire que je ne me fie pas à la sécurité que semble promettre une bonne serrure ; je porte toujours sur moi tout ce que j'ai écrit, de sorte qu'on ne pourrait s'en emparer sans en venir à quelques voies de fait. J'ai soin aussi de ne jamais écrire que dans le petit cabinet. Par ce moyen je puis entendre quiconque traverserait les deux autres pièces pour s'approcher de moi, et j'aurais assez de temps pour mettre mon journal en sûreté avant qu'on arrivât.

Les domestiques que je vois sont un vigoureux campagnard et une jeune fille fort gentille ayant l'air d'une laitière. Ils semblent véritablement formés sur le moule de Jeanne et Hodge (1), ayant à peine une idée, ne désirant rien au-delà de la sphère limitée de leurs devoirs et de leurs petites jouissances, et sans la moindre curiosité sur les affaires des autres. Ils se conduisent envers moi avec la civilité la plus impatientante. Ma table est servie avec abondance, et ils semblent même empressés à satisfaire tous mes goûts. Mais quand je leur fais quelque question autre que celle : — Qu'y a-t-il pour dîner ? le drôle se moque de moi avec un : — Que voulez-vous dire ? ou je n'en sais rien ; — et s'il se trouve trop pressé, il me tourne le dos fort tranquillement et sort de la chambre. La jeune fille affecte autant de simplicité ; mais un sourire malin qu'elle laisse échapper quelquefois me porte à croire qu'elle a parfaitement appris le rôle qu'elle doit jouer, et qu'elle est déterminée à me laisser dans l'ignorance. Tous deux, et sur-

---

(1) Personnages d'une pastorale. — Ed.

tout la petite laitière, me traitent absolument en enfant gâté. Jamais ils ne me refusent positivement rien de ce que je leur demande; mais ils ont grand soin ensuite de ne pas me l'accorder. Si je demande à Dorcas de sortir de ma chambre pour prendre l'air, elle me promet de me conduire dans le parc le soir, et de me montrer les vaches pendant qu'elle les traira, précisément comme elle proposerait ce divertissement à un enfant. J'ignore s'il est en son pouvoir de tenir cette promesse; mais, un fait certain, c'est qu'elle ne l'exécute jamais.

Cependant une sorte d'apathie et d'insensibilité qui s'est emparée de moi m'a rendu insouciant sur ma situation, indifférent à la perte de ma liberté; ce que je ne saurais expliquer qu'en l'attribuant à ma grande faiblesse et au sang que j'ai perdu. J'ai lu l'histoire de prisonniers qui, détenus comme moi, ont étonné l'univers par l'adresse avec laquelle ils ont su triompher des obstacles qu'on multipliait autour d'eux pour empêcher leur évasion; et en lisant de telles anecdotes je me suis dit bien des fois que quiconque possède un clou rouillé ou un fragment de pierre bien dure, et a le loisir de s'en servir pour percer une muraille ou détacher une serrure, ne doit jamais rester captif; et cependant je vois les jours se succéder sans faire le moindre effort pour regagner ma liberté.

Cette inaction n'est pourtant pas l'effet d'un découragement total; elle vient, du moins en partie, d'un sentiment tout différent. Mon histoire, si long-temps mystérieuse, parait sur le point de s'expliquer à mes yeux d'une manière fort étrange; une impression solennelle semble m'avertir que je dois attendre le cours des événemens, et que lutter contre eux ce serait vouloir opposer mes faibles efforts à la volonté du ciel. Vous traiterez de timidité cette espèce de langueur et d'indolence; mais, mon cher Alan, si vous vous rappelez les visions que j'ai eues pendant ma fièvre; si vous faites attention qu'il est probable que je suis sous le même toit que la M. V., et qu'elle n'est pas loin d'ici, du moins vous conviendrez que d'autres sentimens que la pusillanimité peuvent me réconcilier avec mon destin.

Cependant j'avoue qu'il est indigne d'un homme de supporter avec patience cette détention tyrannique. Mon cœur se soulève contre cette oppression, surtout quand je m'occupe à tracer dans ce journal le tableau de mes souffrances; et, pour faire un premier pas vers ma liberté, je suis résolu à tâcher de faire mettre à la poste ce que j'ai écrit jusqu'ici.

―――

Plus d'espérance! j'avais le projet d'employer pour ce message Dorcas, la jeune fille dont j'ai déjà parlé. Lorsque je lui dis que j'avais une lettre à envoyer, elle m'offrit ses services d'elle-même, et accepta, avec un sourire qui fit voir tout son assortiment de dents blanches, la couronne que je lui donnai pour la déterminer à me rendre ce bon office; car ma bourse ne s'est pas envolée avec mon porte-feuille, qui était beaucoup plus précieux.

Mais lorsque, pour tâcher d'obtenir quelques renseignemens sur le canton dans lequel est située ma prison, je lui demandai dans quelle ville elle comptait mettre ou faire mettre mon paquet à la poste, un *que voulez-vous dire?* m'apprit qu'elle ne savait pas ce que c'était que la poste aux lettres, ou du moins qu'elle voulait paraître ne pas le savoir.

— Sotte! m'écriai-je avec quelque vivacité.

— Mon Dieu, monsieur, dit-elle en pâlissant, ce que tous deux ne manquent jamais de faire chaque fois que je montre quelque symptôme d'impatience, ne vous mettez pas en colère; je mettrai votre lettre à la poste.

— Quoi! m'écriai-je sur le même ton, et vous ne savez pas le nom de la ville où vous l'y mettrez! Comment en viendrez-vous à bout? au nom du ciel!

— Là, mon bon monsieur, qu'avez-vous besoin d'effrayer ainsi une pauvre fille qui ne sait que ce qu'elle a appris à l'école de charité de Saint-Bees?

— Et Saint-Bees est-il bien éloigné d'ici, Dorcas? lui demandai-je d'un ton insinuant, mais en affectant autant d'insouciance que je le pus : est-ce là que vous ferez mettre ma lettre à la poste?

— A Saint-Bees? Là! Quel autre qu'un fou... Pardon, Votre Honneur! il y a vingt ans que mon père demeure à Saint-Bees, qui est à vingt, ou à quarante, ou à je ne sais combien de milles de cet endroit, du côté du levant, dans le Northumberland. Je n'aurais jamais quitté Saint-Bees si mon père...

— Au diable votre père! m'écriai-je.

A cela elle répondit : — Allons! quoique Votre Honneur soit un peu... vous m'entendez bien, il ne vous convient pas d'envoyer au diable les pères des autres; et je ne le souffrirai pas pour ma part.

— Je vous demande mille pardons, Dorcas; je ne veux pas le moindre mal à votre père; je suis sûr que c'était un honnête homme dans son état.

— Que *c'était* un honnête homme ! s'écria-t-elle ; car il paraît que les naturels du Cumberland sont aussi chatouilleux que leurs voisins les Écossais sur ce qui concerne l'honneur de leurs ancêtres ; — vous pouvez bien dire que *c'est* un honnête homme, aussi honnête qu'aucun de ceux qui ont jamais conduit un bidet, la bride sur le cou, à la foire de Staneshaw-Bank. S'il est honnête ! il est maquignon.

— Sans doute, sans doute, je le sais. J'ai entendu parler de lui. Aussi honnête que quelque maquignon que ce soit. J'ai dessein de lui acheter un cheval, Dorcas.

—Ah ! Votre Honneur, c'est l'homme pour vous bien servir, si vous redevenez jamais ce que vous étiez autrefois, et, quand même vous auriez la tête un peu légère, il ne vous tromperait pas plus que...

— C'est bien, c'est bien ; nous ferons affaire ensemble, mon enfant, vous pouvez y compter. Mais si je vous donne une lettre, comment vous y prendrez-vous pour la faire partir ?

— Je la mettrai dans le sac aux lettres du Squire (1), qui est suspendu dans le vestibule ; il envoie les siennes à Brampton, ou à Carlisle, ou ailleurs, où bon lui semble, en un mot, une fois par semaine.

— Ah ! et c'est votre amoureux John qui est chargé de les porter ?

— Non, ce n'est pas lui. Mais John n'est pas mon amoureux depuis qu'il a dansé avec Kitty Rutlege le

---

(1) *Le seigneur du lieu.* Ce mot tout local, et que remplace celui de *laird* en Écosse, doit indiquer au prisonnier qu'il est en Angleterre. Voyez, pour la définition plus détaillée de ce terme, les notes des premiers chapitres de *Waverley*. — Éd.

jour de la fête de sa mère, et qu'il m'a laissée sur ma chaise. Oui! il l'a pourtant fait.

— C'est abominable! Je n'aurais jamais cru un pareil trait de la part de John.

— C'est pourtant ce qu'il a fait! Il m'a laissée assise toute la soirée; oui, il l'a fait.

— Eh bien! ma gentille Dorcas, vous aurez pour mari un plus beau garçon que John. John ne vous convient pas, je vois cela.

— Non, non; ce n'est pas qu'il soit trop mal, pourtant; mais je ne donnerais pas de lui un bouton d'habit. N'y a-t-il pas le fils du meunier qui m'a fait la cour à la dernière foire d'Appleby, où j'étais allée avec mon oncle? C'est un gaillard bien taillé, comme vous le verrez quand le soleil brillera sur vous (1).

— Oui, un vigoureux garçon. Croyez-vous qu'il porterait ma lettre à Carlisle?

— A Carlisle! il n'en ferait rien pour sa vie; il faut qu'il soit au grain et à la farine, comme on dit. Son père l'assommerait s'il allait à Carlisle, si ce n'est quand il y a un prix à disputer à la lutte, ou dans quelque occasion semblable; mais j'ai encore d'autres amoureux: il y a, par exemple, le maître d'école, qui est en état d'écrire aussi bien que vous, j'en réponds.

— C'est l'homme qu'il convient de charger d'une lettre; il sait la peine qu'on éprouve à l'écrire.

— Oh! certainement, si vous en venez là; et cependant il ne lui faut que quatre heures pour écrire quatre

---

(1) On trouve dans *le Lai du dernier Ménestrel* une ballade dont le refrain répète : *le soleil luit sur les murs de Carlisle*. Cette phrase est ici comme une citation populaire. — Éd.

lignes, et c'est une belle écriture ronde, longue comme la moitié de mon doigt, et qu'on n'a pas de peine à lire : ce n'est pas comme les pattes de mouche de Votre Honneur. Mais aller à Carlisle! il ne peut pas y penser, le pauvre homme; il boite autant que la jument d'Eckie.

— Mais, au nom du ciel! comment ferez-vous mettre ma lettre à la poste?

— Comme je vous l'ai dit : je la mettrai dans le sac du Squire; il l'envoie à la poste par Cristal Nixon, quand c'est son bon plaisir.

Je n'étais pas très-édifié de la liste que j'avais obtenue de tous les amoureux de Dorcas; et quant aux informations que je désirais avoir, j'en étais précisément au point d'où j'étais parti. Cependant il me paraissait important d'habituer cette jeune fille à causer avec moi familièrement; car en conversant ainsi, il était impossible qu'elle se tînt toujours sur ses gardes, et elle pourrait laisser échapper quelques mots dont il serait possible de tirer parti.

— Et le Squire n'a-t-il pas coutume de jeter les yeux sur ce qui se trouve dans son sac à lettres? lui demandai-je d'un ton aussi indifférent que je pus l'affecter.

— Bien certainement; et il en a retiré une fois une lettre que j'écrivais à Ralph, le fils du meunier, parce que, dit-il...

— Fort bien, fort bien, Dorcas; je ne l'importunerai pas de ma lettre; mais j'ai envie de lui en écrire une à lui-même : quelle adresse faudra-t-il y mettre?

Un *que voulez-vous dire?* fut encore la réponse de Dorcas.

— Je veux dire, comment l'appelez-vous? quel est son nom?

— Bien sûr, Votre Honneur doit le savoir mieux que moi.

— Moi le savoir! Que diable! vous me ferez perdre patience.

— Non, Votre Honneur, non; ne perdez point patience, pas à présent. Quant à son nom, voyez-vous, on dit qu'il en a plus d'un dans le Westmoreland et en Écosse. Mais il vient ici rarement, seulement dans la saison de la chasse; et alors nous l'appelons le Squire. Mon maître et ma maîtresse en font autant.

— Et est-il ici en ce moment?

— Non, il n'y est pas. Il est à chasser du côté de Patterdale, à ce qu'on m'a dit. Mais il vient et il va comme un coup de vent.

Je rompis la conversation, après avoir forcé Dorcas à accepter encore une pièce d'argent pour s'acheter des rubans; et elle fut si enchantée de ma libéralité qu'elle s'écria : — Sur mon Dieu, Cristal Nixon dira de vous tout ce qu'il lui plaira; mais vous êtes un jeune homme bien civil, au bout du compte, et vous êtes bien calme, avec les femmes du moins.

Il n'y a pas de raison à être trop calme avec les femmes. J'ajoutai donc un baiser à ma couronne, et je ne puis m'empêcher de croire que je me suis assuré une alliée en Dorcas. Du moins elle rougit en recevant d'une main mon petit compliment, tandis que l'autre réparait le désordre qu'avait mis dans ses rubans couleur de cerise la petite lutte qu'il m'en avait coûté pour obtenir l'honneur de l'embrasser.

En ouvrant la porte pour sortir de l'appartement, elle se retourna vers moi, et, me jetant un regard de compassion, elle ajouta ces mots remarquables : — Que vous soyez fou, ou que vous ne le soyez pas, vous êtes un brave garçon après tout.

Je trouvai dans les expressions de ce singulier adieu quelque chose qui semblait m'expliquer le prétexte dont on couvrait ma détention, — soit dans le délire occasioné par la fièvre, soit dans les premiers momens d'une inquiétude bien naturelle dans ma situation extraordinaire, je me suis probablement conduit à peu près en insensé. Mais est-il possible qu'on trouve dans l'état actuel de mon esprit un motif pour me priver de ma liberté?

Si c'est réellement de ce prétexte qu'on colore ma détention, une conduite constamment calme et tranquille est le seul moyen qui puisse détruire les préventions que les circonstances ont pu faire naître dans l'esprit de tous ceux qui ont approché de moi pendant ma maladie. J'ai entendu, pensée terrible! j'ai entendu dire que des hommes doués de toute leur raison, ayant été injustement détenus comme fous, le sont enfin devenus véritablement après des années de misère, comme s'ils eussent gagné la maladie des êtres infortunés avec lesquels on les associait. Ce destin ne sera pas le mien s'il est au pouvoir de la nature humaine qu'une résolution bien forte garantisse de cet épouvantable malheur.

Enfin, je cherchai à mettre de l'ordre dans mes idées pour composer une lettre à mon geôlier, car c'est ainsi que je dois le nommer. J'en fis plusieurs brouillons que je déchirai successivement, parce que mon ressentiment s'y exprimait avec trop de violence, et je parvins à écrire une lettre conçue en termes plus concilians.

Je commençai par lui parler des deux occasions où il m'avait certainement sauvé la vie lorsque je courais le plus grand danger, et j'ajoutai que, quel que fût le motif de la contrainte qu'on exerçait contre moi, à ce qu'il paraissait, par ses ordres, ce ne pouvait être dans le dessein d'en venir à quelque violence contre ma personne. Il pouvait, lui dis-je, m'avoir pris pour quelque autre; et, pour le détromper, je lui dis tout ce que je savais de ma situation et de la manière dont j'avais été élevé. Je supposai ensuite qu'il était possible qu'il me crût encore trop faible pour voyager, et par conséquent incapable de prendre soin de moi-même, et je l'assurai que j'étais maintenant en parfaite santé, et en état de supporter la fatigue d'un voyage. Enfin je lui fis sentir en termes très-forts, quoique mesurés, que la détention qu'on me faisait subir était illégale, et que c'était un crime puni par les lois d'Écosse, qui protègent la liberté des citoyens. Je finis par lui demander à être conduit devant un magistrat, ou du moins à avoir une entrevue avec lui, afin qu'il m'expliquât ses intentions à mon égard.

Le ton que j'avais pris dans cette lettre était peut-être trop humble pour convenir à un homme offensé, et je fus porté à le croire quand j'en fis la lecture. Mais que pouvais-je faire? j'étais entre les mains d'un homme dont les passions étaient aussi violentes que les moyens qu'il avait de les satisfaire semblaient étendus. J'avais aussi quelques raisons pour croire que sa conduite envers moi (ceci entre nous, Alan) n'avait pas l'approbation de toute sa famille. Enfin mon but était d'obtenir ma liberté, et que ne sacrifierait-on pas pour y réussir?

Je ne pus mettre à mon épître d'autre adresse que celle-ci : — Pour être remis au Squire, en mains propres. Il ne pouvait être bien loin, car je reçus une réponse dans les vingt-quatre heures. Elle était adressée à Darsie Latimer, et contenait ce qui suit :

« Vous avez demandé une entrevue avec moi ; vous
» avez demandé à être conduit devant un magistrat ; la
» première demande vous est accordée, la seconde le
» sera peut-être. En attendant, soyez assuré que vous
» êtes prisonnier en ce moment en vertu d'une autorité
» suffisante, et que cette autorité est appuyée de tout le
» pouvoir nécessaire. Gardez-vous donc bien de vouloir
» lutter contre une force qui pourrait vous écraser, et
» abandonnez-vous au cours des événemens qui nous
» entraînent tous deux, et auxquels ni vous ni moi ne
» pouvons résister. »

Cette épître mystérieuse n'était suivie d'aucune signature, et ne me laissait rien à faire de plus important que de me préparer à l'entrevue qu'elle me promettait. Il faut donc que je cesse d'écrire, et que je mette mon manuscrit en sûreté, autant qu'il m'est possible de trouver sûreté pour quelque chose dans la situation où je suis. Je vais le cacher entre l'étoffe et la doublure de mon habit ; on ne pourra l'y trouver aisément.

CHAPITRE VI.

CONTINUATION DU JOURNAL DE DARSIE LATIMER.

L'importante entrevue à laquelle je m'attendais en finissant le dernier fragment de mon journal eut lieu plus tôt que je ne le croyais. Le jour même où j'avais reçu la lettre qui me l'annonçait, à peine avais-je fini mon petit dîner, que le Squire, quels que soient son vrai titre et son nom, entra si subitement que je crus voir une apparition. La taille de cet homme est noble et imposante, et sa voix a cet accent mâle et énergique qui semble dire qu'on se sent une autorité à laquelle rien ne résiste. Je me levai involontairement en le voyant entrer ; nous nous regardâmes un moment en silence, et ce fut lui qui le rompit le premier.

— Vous avez désiré me voir, me dit-il, me voici. Si vous avez quelque chose à me dire, parlez ; mon temps est trop court pour l'employer à une pantomime, comme un enfant.

— Je désire savoir de vous en vertu de quelle autorité je suis détenu ici, et quel est le motif de cette détention.

— Je vous ai déjà dit que mon autorité est suffisante et que mon pouvoir y est égal. C'est tout ce qu'il est nécessaire que vous sachiez à présent.

— Tout Anglais a droit de connaître la cause de sa détention, et il ne peut être privé de sa liberté sans un mandat légal. Montrez-moi celui en vertu duquel vous me gardez prisonnier.

— Je ferai plus : je vous ferai voir le magistrat qui l'a décerné ; et cela à l'instant même.

Cette proposition soudaine me causa un mouvement d'agitation et même d'alarme. Je sentis pourtant que ma cause était bonne, et je résolus de la plaider avec courage, quoique je n'eusse pas été fâché d'avoir quelques instans pour m'y préparer. Il se détourna, ouvrit la porte de la chambre, et m'ordonna de le suivre. Lorsque j'eus passé le seuil de l'appartement qui me servait de prison, j'eus grande envie de tourner de l'autre côté et de chercher à m'enfuir, mais je ne savais où trouver l'escalier ; j'avais tout lieu de croire que la porte de la maison serait fermée ou bien gardée ; et enfin, dès que j'eus fait un pas dans le corridor, précédé par mon conducteur, qui marchait la tête haute, je vis paraître tout à coup, à deux pas de moi, Cristal Nixon, dont je connaissais la vigueur, et contre lequel je ne pouvais espérer de lutter avec succès, quand même il n'aurait pas pu avoir le secours de son maître. Je suivis donc celui-ci sans résistance et en silence, et nous traversâmes deux corridors beaucoup plus longs que je ne l'aurais supposé d'après l'idée que je m'étais formée de cette maison. Enfin une porte s'ouvrit, et nous entrâmes dans un grand et antique salon dont les fenêtres étaient vitrées en carreaux de couleur; les murailles étaient couvertes d'une boiserie en chêne; une grande grille (1), ornée de branches de houx et de romarin, était surmontée d'une énorme cheminée en pierre, sur laquelle étaient gravées des armoiries; enfin la boiserie était décorée, suivant l'usage, de portraits de héros portant de grandes perruques au lieu de casques, et de dames en grande robe, souriant au bouquet qu'elles tenaient en main.

Derrière une grande table sur laquelle étaient plusieurs livres se trouvait assis un homme d'assez mauvaise mine, l'air madré, les cheveux en bourse, et qui, d'après le cahier de papier posé devant lui, et la plume qu'il taillait quand j'entrai, semblait se disposer à remplir les fonctions de greffier. Comme je veux être aussi exact qu'il est possible dans mes descriptions, je dois ajouter qu'il portait un habit de drap de couleur foncée, des culottes de peau et des guêtres.

Au haut de la table, dans un grand fauteuil couvert en cuir noir, je vis un gros personnage d'environ cinquante ans, qui était soit un juge de paix de campagne, soit un être parfaitement choisi pour en jouer le rôle. Il n'y avait pas la moindre chose à reprendre à la façon de ses culottes de peau; on ne pouvait découvrir une tache sur le vernis de ses bottes à la jockey, attachées aux boutons de ses culottes par deux aiguillettes bien luisantes; enfin un gilet de drap écarlate galonné en

---

(1) *Grate*, grille pour la combustion du charbon de terre dans les cheminées anglaises. — Éd.

or, et un habit de drap pourpre faisaient valoir l'embonpoint du petit homme, et jetaient un nouveau lustre sur sa figure pléthorique. Je suppose qu'il avait dîné, car il était deux heures après midi, et il s'amusait à fumer une pipe pour aider la digestion. On remarquait dans toutes ses manières un air d'importance qui répondait à la dignité campagnarde de son extérieur; il entrecoupait tous ses discours par des interjections bizarres et multipliées, dont l'intonation variée passait de la basse au ténor de la manière la plus étrange. Il s'interrompait aussi avec méthode pour lâcher une bouffée de tabac, avec un bruit qui ressemblait au son du mot *pouf.* On eût dit qu'il avait contracté une semblable habitude afin de donner à ses opinions et à ses décisions l'air d'avoir été mûrement et profondément réfléchies.

Malgré tout cela, Alan, on peut douter, *est dubitandi causa*, comme disait notre vieux professeur, que le juge de paix fût autre chose qu'un âne. Il est certain qu'indépendamment d'une grande déférence pour les opinions de son greffier il semblait être prodigieusement influencé par celles de son confrère le Squire, si l'un ou l'autre avait droit à ce titre, et beaucoup plus que ne semblaient le permettre les airs d'importance qu'il se donnait.

— Ho! ha! dit-il; eh bien! humph! c'est là le jeune homme, sans doute? Hé! il paraît mal portant. Pouf! Jeune homme, vous pouvez vous asseoir.

Je profitai de la permission, car ma maladie m'avait affaibli beaucoup plus que je ne me l'imaginais, et le court espace que j'avais traversé pour venir de ma chambre, dans l'agitation que j'éprouvais, avait suffi pour me fatiguer.

8.

— Et votre nom, jeune homme, hé! humph! quel est-il?

— Darsie Latimer.

— Fort bien! pouf! très-bien? Humph! Darsie Latimer, c'est cela même. Hé! d'où venez-vous?

— D'Écosse, monsieur.

— Né en Écosse? Ha! humph! Qu'en dites-vous?

— Je suis Anglais de naissance, monsieur.

— Bien! ho! sans doute, vous l'êtes. Pouf! Mais, dites-moi, monsieur Latimer, hé! avez-vous toujours été appelé ainsi? N'avez-vous jamais porté d'autre nom? Ha! Nick, écrivez ses réponses, Nick.

— Autant que je puis m'en souvenir, je n'en ai jamais porté d'autre.

— Non! humph! je ne l'aurais pas cru. Hé! et vous, voisin, qu'en dites-vous?

Il tourna la tête en même temps vers l'autre Squire, qui s'était jeté nonchalamment sur une chaise, et qui, les jambes étendues et les bras croisés, semblait spectateur indifférent de ce qui se passait. Il répondit pourtant à l'interpellation du juge:

— La mémoire de ce jeune homme, dit-il, ne remonte peut-être pas bien haut.

— Ha! hé! vous entendez, jeune homme. Eh bien, humph! jusqu'où plaît-il à votre mémoire de remonter?

— Peut-être jusqu'à l'âge de trois ans, monsieur, ou à peu près.

— Et osez-vous affirmer, monsieur, s'écria le Squire se redressant tout à coup sur sa chaise, et donnant à sa voix sonore toute son étendue, que vous portiez *alors* le même nom aujourd'hui?

Le ton de confiance avec lequel il me faisait cette

question me fit tressaillir, et je mis en vain ma mémoire à la torture pour lui répondre. — Du moins, lui dis-je enfin, je me souviens parfaitement qu'on m'a toujours appelé Darsie; et les enfans, à l'âge dont nous parlons, ne connaissent guère que leur nom de baptême.

— C'est ce que je pensais, répondit-il; et il reprit sur sa chaise la même attitude qu'auparavant.

— Ainsi, on vous nommait Darsie dans votre enfance, dit le magistrat; mais, hum! quand avez-vous commencé à prendre le nom de Latimer?

— Je ne l'ai pas pris, monsieur; on me l'a donné.

— Je vous demande, dit le maître de la maison d'une voix moins sévère que jusqu'alors, si vous pouvez vous rappeler qu'on vous ait jamais appelé Latimer avant qu'on vous ait donné ce nom en Écosse.

— Je vous répondrai avec franchise, monsieur. Je ne puis me rappeler qu'on m'ait jamais nommé ainsi en Angleterre; mais je ne me rappelle pas davantage l'époque où l'on m'a donné ce nom pour la première fois. Si l'on doit tirer quelque conséquence de ces questions et de mes réponses, je demande qu'on prenne en considération l'âge que j'avais alors.

— Hem! dit le juge, tout ce qui mérite considération, pouf! sera dûment considéré. Jeune homme, hé! comment se nommaient votre père et votre mère?

C'était sonder une blessure depuis long-temps douloureuse : je ne supportai pas cette question aussi aisément que les précédentes. Je répondis : — Je demande à mon tour à savoir si je suis devant un juge de paix d'Angleterre.

— Devant son honneur le Squire Foxley, de Foxley-

Hall, qui est membre du *quorum* (1) depuis vingt ans, répondit maître Nicolas, le greffier.

— En ce cas il doit savoir, ou vous, monsieur, qui êtes son greffier, vous devriez l'instruire que, comme je suis le plaignant dans cette affaire, il doit entendre ma plainte avant de me soumettre à un contre-interrogatoire.

— Humph! quoi! hé! il y a quelque chose de vrai dans cela, voisin, dit le pauvre juge, abattu par le premier vent qui semblait souffler un principe de droit, en paraissant désirer d'obtenir la sanction de son confrère le Squire.

— Vous m'étonnez, Foxley, répliqua celui-ci d'un ton ferme; comment pouvez-vous rendre justice à ce jeune homme, si vous ne savez qui il est?

— Sans doute; ha! c'est la vérité. Humph! Et maintenant, considérant l'affaire de plus près, hem!...... au total, je ne trouve rien dans tout ce qu'il dit!...... hé! Ainsi donc, monsieur, il faut que vous me disiez les noms et surnoms de votre père.

— Cela est impossible, monsieur, je ne les connais pas, puisqu'il faut que je vous rende compte ainsi de mes affaires privées.

Le juge aspira si long-temps la fumée de sa pipe, que ses joues devinrent bouffies comme celles d'un chérubin de Hollande, et que les yeux lui sortaient de la tête par suite des efforts qu'il faisait pour retenir son haleine. Enfin la bouffée partit. — Hou! pouf! hou!... Vous ne

---

(1) C'est-à-dire de la commission spéciale des juges de paix, etc. Voyez une note sur ce mot dans le Ier volume de *Guy Mannering*, page 83. — Éd.

connaissez pas le nom de vos parens, jeune homme!... Ah, en ce cas je dois vous faire enfermer comme vagabond... hé!... C'est un fait, *omne ignotum pro terribili* (1), comme nous avions coutume de le dire à l'école d'Appleby... ho!... ce qui veut dire que quiconque est un inconnu à la justice est un homme sans aveu et un vagabond... Hem! hé!... Vous pouvez rire, monsieur, mais je doute que vous eussiez compris cette citation latine, humph! si je n'eusse pris la peine de vous l'expliquer.

Je reconnus que je lui devais une nouvelle édition de cet adage, et une interprétation à laquelle je n'aurais jamais pu arriver sans son secours. Je commençai alors à lui expliquer mon affaire avec plus de confiance. Le juge était un âne, le fait était évident; mais était-il possible qu'il le fût assez pour ne pas savoir ce qu'il devait faire dans une affaire aussi simple que la mienne? Je l'informai donc des voies de fait qui avaient eu lieu sur les bords du golfe du Solway, du côté de l'Écosse; je lui expliquai par quelle suite d'événemens je me trouvais dans ma situation actuelle, et je lui demandai à être rendu à la liberté. Je plaidai ma cause avec autant de chaleur que je le pus, jetant un coup d'œil de temps en temps sur celui que j'accusais, et à qui tout le feu qui m'animait ne faisait pas perdre son sang-froid.

Quant au juge, lorsque j'eus cessé de parler, ne sachant pas ce que je pouvais dire de plus dans une affaire si simple, il me répliqua : — Ho! hé! oui, fort étonnant! hum! Et voilà toute la reconnaissance que vous témoignez à monsieur pour l'embarras et les peines que vous lui avez occasionés!

(1) Tout ce qui est inconnu doit être réputé suspect. — Tr.

— Je reconnais, monsieur, qu'il m'a sauvé la vie, certainement une fois, et probablement deux ; mais cela ne lui donne aucun droit sur ma personne. Au surplus, je ne demande ni punition ni vengeance; au contraire, je désire quitter monsieur comme ami, car je ne veux pas lui supposer de mauvaises intentions envers moi, quoique sa conduite à mon égard ait été illégale et violente.

Vous comprendrez facilement, Alan, que cette modération ne m'était pas inspirée par un sentiment favorable à l'individu dont je me plaignais. J'avais d'autres raisons auxquelles mes égards pour lui personnellement ne contribuaient que pour bien peu de chose. Il semble pourtant que le ton de douceur avec lequel j'avais plaidé ma cause produisait sur lui plus d'effet que tout ce que j'avais dit. Il parut ému, presque déconcerté, et il prit plusieurs prises de tabac coup sur coup, comme pour gagner du temps afin de calmer son émotion.

Quant au juge Foxley lui-même, sur qui mon éloquence avait pour but de faire impression, le résultat en fut beaucoup moins favorable : il tint conseil à voix basse avec maître Nicolas, son greffier, réitéra ses *humph* et ses *pouf*, et fronça les sourcils comme en mépris de ma requête. Enfin, paraissant résolu, il s'appuya sur le dossier de son fauteuil, et fumant sa pipe avec plus d'énergie que jamais, il prit un air de détermination qui me fit sentir que tous mes raisonnemens étaient en pure perte.

Enfin, quand je me tus, faute d'haleine plutôt que d'argumens, il débita d'un ton d'oracle la tirade suivante, interrompue par ses interjections ordinaires, et par l'exhalation abondante de la fumée du tabac.

— Hé! hem! jeune homme, humph! croyez-vous abuser Mathieu Foxley, membre du *quorum* depuis vingt ans, avec des fadaises qui n'en imposeraient pas à une marchande de pommes? Ha! pouf! Ne savez-vous donc pas que votre accusation est de nature à ne pas admettre de cautionnement; et que... hum! oui! le plus grand homme... pouf! le baron de Graystock lui-même devrait aller en prison? Ho! et cependant tout en prétendant que vous avez été enlevé de force par monsieur, et que vous avez été dépouillé de votre portefeuille!... humph! vous voulez me persuader... pouf! que tout ce que vous demandez c'est de vous séparer de lui! Je le crois... hé! ce n'est que cela qu'il vous faut. Mais comme vous êtes un jeune homme qui avez besoin de lisières... hum! une sorte d'apprenti fainéant... ha! et ayant le cerveau un peu timbré... ho! comme les bonnes gens de cette maison me l'ont dit... humph! il faut que vous restiez sous la garde de votre tuteur jusqu'à ce que vous ayez atteint votre majorité, ou qu'une ordonnance du lord-chancelier vous donne l'administration de vos affaires... hum! et si vous pouvez retrouver un peu de raison... hé! ho! vous ne serez pas très-pressé de vous en charger.

Le temps que prirent les hem, les ha et les pouf du magistrat, et son débit lent et pompeux, me donnèrent une minute pour recueillir mes idées, que ce discours extraordinaire avait mises un peu en désordre.

— Je ne conçois pas, monsieur, lui répondis-je, de quel droit cet homme peut exiger de moi l'obéissance en qualité de tuteur. C'est une imposture effrontée. Je ne l'ai vu de ma vie avant d'être malheureusement venu dans ce pays il y a environ un mois.

— Hem! hum! nous savons, monsieur, nous sommes instruit... hé! qu'il y a certains noms... humph! que vous n'aimez pas à entendre; et qu'il y a certaines choses, certaines conversations sur des noms, qui vous occasionent des accès... pouf! dont nous ne nous soucions pas d'avoir le spectacle. Néanmoins, M. Darsie, ou... humph! M. Latimer, ou... hé! M. Darsie, sans le Latimer, vous m'avez fait assez d'aveux aujourd'hui pour m'assurer que vous ne pouvez être mieux que sous les soins de mon honorable ami que voici... ho! Tous vos aveux, dis-je, indépendamment de ce... pouf! de ce que je le connais pour un homme très-respectable et très-honorable... hem, pouvez-vous le nier, monsieur?

— Je ne le connais nullement; je ne sais pas même quel est son nom; il n'y a pas un mois, comme je vous l'ai dit, que je l'ai vu pour la première fois.

— En feriez-vous serment? dit cet homme singulier, qui semblait attendre le résultat de cette discussion avec la même confiance que le serpent à sonnettes attend la proie qui a une fois senti la fascination de son regard. En prononçant ces mots d'une voix forte, mais creuse, il recula un peu sa chaise derrière le fauteuil du juge, de manière à ne pouvoir être vu ni du magistrat ni du greffier, assis tous deux du même côté de la table, et il fronça les sourcils en lançant sur moi un regard si terrible que je ne pourrai l'oublier de ma vie. Les rides de son front devinrent livides et presque noires, et formèrent une espèce d'ellipse, à partir du point de jonction des deux sourcils. J'avais entendu décrire un regard semblable dans un vieux conte de *revenans* qu'on m'avait raconté peu de temps auparavant, et l'on y avait assez bien décrit cette contraction extraordinaire des muscles du front en disant qu'elle offrait la forme d'un fer à cheval.

Ce conte, dans l'instant où je l'écoutais, avait éveillé en moi un souvenir d'enfance effrayant, que le spectacle hideux que j'avais sous les yeux fit revivre en ce moment avec bien plus de force; je fus si surpris, tranchons le mot, si épouvanté des idées vagues que fit naître en mon esprit ce signe terrible, que je restai les yeux fixés sur ce front redoutable, comme sur une apparition menaçante. Prenant alors son mouchoir, et le passant sur son visage, il rendit à l'instant à sa physionomie son expression ordinaire.

— Ce jeune homme ne niera plus qu'il m'ait vu avant l'époque dont il parle, dit-il alors au juge avec un ton de douceur, et je me flatte qu'il n'aura plus de répugnance à rester quelque temps sous ma tutèle, ce qui pourra avoir pour lui un résultat plus heureux qu'il ne l'espère.

— Quoi que je puisse espérer, répliquai-je en cherchant à réunir des souvenirs vagues et imparfaits, je vois que je n'ai à attendre ni justice ni protection de la part de monsieur, dont le devoir est de rendre l'une et d'accorder l'autre aux sujets de Sa Majesté. Quant à vous, monsieur, vous seul pouvez expliquer par quel étrange concours de circonstances vous êtes lié à la destinée d'un infortuné jeune homme, et quelle sorte d'intérêt vous prétendez prendre à lui. Oui, je vous ai vu autrefois, le fait est certain, car personne ne peut oublier ce regard qui semble vous donner le pouvoir de flétrir et de dessécher le cœur de celui sur qui vous l'attachez.

Ce que je venais de dire sembla mettre le juge mal à son aise. — Hé! hem! dit-il, il est temps de partir, voisin; j'ai plusieurs milles à faire, et je n'aime pas à voyager la nuit dans ces environs. Vous et M. Nicolas...

Tout en parlant ainsi, il prenait ses gants et les mettait à la hâte, tandis que maître Nicolas passait sa redingote et prenait sa houssine. Le maître de la maison interrompit le magistrat pour l'engager à rester, ainsi que son greffier; il parla de souper, et leur offrit des lits. Tous deux lui firent beaucoup de remerciemens de son invitation, mais ne parurent nullement disposés à l'accepter, et le juge Foxley lui faisait ses excuses assaisonnées de maintes interjections telles que : ha! hé! hem! suivant son usage, quand Dorcas entra pour annoncer que quelqu'un demandait à parler au juge pour affaire.

— Quel est ce quelqu'un? humph! que me veut-il?

— Il est arrivé sur les dix doigts de ses pieds, répondit Dorcas, et il a besoin de parler à Votre Honneur pour affaire de justice. Ah! c'est un homme comme il faut, car il parle latin comme le maître d'école. Mais, mon Dieu! quelle drôle de perruque il a sur la tête!

L'individu qu'on annonçait ici entra en ce moment dans l'appartement. Mais voilà ma feuille remplie, et il me reste de quoi en remplir une autre avec ce qui suivit l'arrivée, devinez de qui, mon cher Alan, — de votre client, du pauvre Pierre Peebles.

CHAPITRE VII.

—

CONTINUATION DU JOURNAL DE DARSIE LATIMER.

(Seconde feuille.)

Jusqu'a ces derniers jours, qui furent si féconds en alarmes, à peine, dans tout le cours de ma vie, avais-je su ce que c'était qu'un moment de véritable chagrin. Je suis convaincu maintenant que ce que je nommais ainsi n'était autre chose que l'inquiétude vague d'un esprit qui, ne trouvant dans le présent aucun sujet de plainte, se tourmente à chercher des motifs dans le passé et dans l'avenir; espaces de temps avec lesquels la vie humaine a si peu de rapport, que l'Écriture nous dit elle-même que le mal de chaque jour suffit à chaque jour.

Si donc j'ai quelquefois abusé de ma prospérité en murmurant du voile obscur qui couvre ma naissance et mon rang dans la société, j'en ferai pénitence en supportant mon adversité réelle avec patience et courage, même avec gaieté, si je le puis. Que peut-on, qu'oserait-on me faire? Je suis persuadé que Foxley est un vrai juge de paix, quelque gentilhomme campagnard propriétaire dans les environs, quoique cependant, chose merveilleuse sans doute, ce soit bien décidément un imbécile. Mais son satellite à habit de drap brun doit sentir à quelles conséquences il s'exposerait s'il connivait à un meurtre, ou même à une détention arbitraire. On n'invite pas de tels témoins à des œuvres de ténèbres. D'ailleurs, Alan, j'ai des espérances qui prennent leur source dans la famille de mon oppresseur. J'ai lieu de croire que la M. V. va encore reparaître sur la scène. Je n'ose en dire davantage ici, car il ne faut pas que j'ajoute un seul mot qu'un autre œil que le vôtre puisse comprendre. Enfin, je me sens l'esprit plus léger qu'il ne l'était; et quoique la crainte et la surprise m'environnent encore, elles ne peuvent couvrir de nuages l'horizon tout entier.

Même lorsque je vis paraître comme un fantôme, comme un épouvantail, le vieux pilier des cours de justice d'Édimbourg dans la chambre où je venais de subir un interrogatoire si singulier, je songeai à votre liaison avec lui, et j'aurais pu parodier Lear, en disant :

Death! Nothing could have thus subdued nature
To such lowness, but his a learned Lawyers (1). »
Pour réduire nature à cet abject état,
Il ne fallait rien moins qu'un « savant avocat. »

(1) La parodie consiste dans les mots *learned lawyers*, savans avocats substitués à *unkind daughters*, « filles inhumaines. » On sait que le roi Léar, dans sa folie, attribue tous les malheurs, les siens comme ceux des autres, à l'ingratitude des filles pour leur père. Voyez *le Roi Léar*, scène III de l'acte III. — Éd.

Il était exactement comme nous l'avons vu autrefois, Alan, lorsque, plutôt pour vous faire compagnie que pour suivre mon inclination, je fréquentais le palais de la Justice. La seule addition qu'il eût faite à son costume, comme voyageur, était une paire de bottes qui semblaient avoir pu voir le champ de bataille de Sheriff-Moor (1). Elles étaient si énormes et si pesantes, qu'attachées, comme elles l'étaient, aux jambes maigres de cet original par une grosse bouffette de cordons tricotés de différentes couleurs, on aurait dit qu'il les traînait par suite d'une gageure, ou par esprit de pénitence.

Sans aucun égard pour l'air surpris de ceux devant lesquels il se présentait si inopinément, Pierre Peebles arriva jusqu'au milieu de l'appartement, la tête en avant, comme un bélier qui va combattre. — Bonjour, messieurs, dit-il, bonjour, Vos Honneurs. Est-ce ici qu'on vend les mandats *ne exeat regno* (2) ?

Je remarquai qu'en le voyant entrer, mon ami ou mon ennemi se retira en arrière, et se plaça comme s'il eût voulu éviter d'attirer sur lui l'attention du nouveau venu. Je suivis son exemple, autant que je le pus, regardant comme très-probable que M. Peebles me reconnaîtrait, car je n'ai que trop souvent fait partie du groupe d'étudians en droit qui s'amusaient à ses dépens en soumettant à sa décision des cas hypothétiques, et en lui jouant des tours cent fois pires encore. Cependant j'étais encore incertain s'il ne valait pas mieux

---

(1) La bataille de Sheriff-Moor, près de Stirling, eut lieu en 1715, entre les troupes du Prétendant et celles de la maison de Hanovre.
Éd.

(2) Contre ceux qui voudraient quitter le royaume. — Tr.

profiter de sa connaissance pour invoquer son témoignage en ma faveur, quelle qu'en pût être la valeur, et me faire reconnaître pour ce que j'étais devant le magistrat; ou pour le rendre porteur, s'il était possible, d'une lettre qui pourrait me procurer des secours plus efficaces. Je résolus de me laisser guider par les circonstances, et de veiller avec soin à ce que rien ne m'échappât. Je me retirai donc le plus à l'écart possible, et j'allai même faire une reconnaissance du côté de la porte pour voir si la fuite ne serait pas possible. Mais Cristal Nixon se promenait en long et en large dans le corridor; et ses petits yeux noirs, semblables à ceux d'un basilic, eurent l'air de lire mon projet dans les miens dès qu'ils les rencontrèrent.

Je m'assis dans un coin, me cachant autant que je le pouvais, et j'écoutai le dialogue qui va suivre, dialogue auquel je ne me serais jamais imaginé pouvoir prendre tant d'intérêt quand Pierre Peebles devait être un des interlocuteurs.

— Est-ce ici que vous vendez les mandats, répéta Peebles, les mandats *ne exeat regno?*

— Humph! quoi! dit le juge Foxley, que diable voulez-vous dire? Hé! quel besoin avez-vous d'un mandat?

— C'est pour appréhender au corps un jeune homme de loi qui est *in meditatione fugæ* (1); car il a pris mon mémoire, il a plaidé ma cause; je lui ai donné de bons honoraires, et autant d'eau-de-vie qu'il en a pu boire ce jour-là chez son père: il aime un peu trop l'eau-de-vie pour son âge.

(1) En préméditation de fuite. — Tr.

— Ho! et que vous a fait ce jeune ivrogne, pour que vous veniez me faire une plainte? Hé! hem! Vous a-t-il volé? c'est assez probable, s'il est homme de loi..... Humph!

— Il m'a volé sa propre personne, monsieur, ses secours, ses soins, son aide, son assistance, qu'il me devait, à moi son client, *ratione officii* (1), c'est-à-dire, comme vous le voyez, qu'il a empoché ses honoraires, bu un mutchkin d'eau-de-vie, et passé la frontière, laissant ma cause à moitié gagnée, à moitié perdue, comme un poisson qui saute sur les sables. Or quelques jeunes gens qui ne sont pas sots, et qui sont habitués à discuter des points de droit avec moi dans le vestibule de la cour de justice, m'ont dit que ce que je pouvais faire de mieux était de m'armer de courage et de courir après lui; de sorte que j'ai pris la poste sur mes jambes, sauf quelques charrettes sur lesquelles j'ai fait un bout de chemin. J'ai trouvé sa piste à Dumfries, je l'ai suivi de l'autre côté des frontières, et je vous demande un mandat contre lui.

Comme le cœur me battait en l'entendant parler ainsi, mon cher Alan! vous êtes donc près de moi, et je sais parfaitement dans quelles intentions. Vous avez tout abandonné pour voler à mon secours. Est-il donc étonnant que, connaissant votre amitié fidèle, votre sagacité, votre persévérance, mon cœur se trouve déchargé du poids qui l'oppressait; que la gaieté renaisse involontairement sous ma plume, et que mon cœur batte comme battrait celui d'un général en entendant le tambour qui lui annoncerait l'arrivée d'un allié sans

---

(1) Par raison de son état. — Tr.

lequel il aurait perdu la bataille qu'il est près de livrer.

J'eus pourtant soin de réprimer tout mouvement de joie que la surprise aurait pu m'occasioner ; mais je continuai à prêter toute mon attention à ce qui se passait dans cette singulière compagnie. Le pauvre Pierre Peebles avait lui-même annoncé qu'il avait donné tête baissée dans le piège que lui avaient tendu quelques-uns des jeunes gens auxquels il sert de jouet; mais il parlait avec un ton de confiance, et le juge, qui semblait avoir quelque crainte secrète de se compromettre dans cette affaire, et d'en laisser imposer à sa simplicité par la finesse supérieure de ses voisins de l'autre côté de la frontière, comme cela arrive quelquefois, se tourna vers son greffier avec un air d'embarras.

— Nick! humph! que diable! n'as-tu rien à dire? Hé! il s'agit ici encore de lois écossaises, à ce que je vois.... ha!... et d'Écossais aussi. — Ici il jeta un coup d'œil de côté sur le maître de la maison en faisant à son greffier un signe d'intelligence. — Je voudrais, ajouta-t-il, que le Solway fût aussi profond qu'il est large; nous aurions quelque espoir d'avoir moins de visites.

Maître Nicolas causa un instant à voix basse avec Peebles, et dit ensuite au juge :

— Je vois qu'il désire avoir un mandat de défense de passer la frontière; mais on n'en accorde que contre les débiteurs, et il en demande un contre un avocat.

— Et pourquoi non? s'écria Pierre Peebles d'un ton bourru; pourquoi non? je voudrais bien le savoir. Si un journalier refuse de travailler, vous accorderez un mandat pour le forcer à faire sa besogne; si une moissonneuse veut partir au milieu de la moisson, vous la renvoyez à sa faucille; si un ouvrier dans les mines de charbon ou dans les salines (1) ne paraît pas à l'appel, vous lui frappez sur l'épaule en un clin d'œil, et cependant le dommage qu'ils peuvent faire ne monte pas à un boisseau de charbon ou à un minot de sel; et voilà un avocat qui refuse d'exécuter son engagement, qui me fait un tort de six mille livres sterling, c'est-à-dire trois mille que je devais gagner, et trois mille qu'il sera cause que je vais perdre; et vous qui prétendez rendre la justice, vous me refusez un mandat pour appréhender au corps le fugitif! Il me paraît que vous rendez une drôle de justice dans ce pays.

— Il faut que cet homme soit ivre, dit le greffier.

— Complètement à jeun de toute autre chose que le péché, répondit Pierre Peebles. Je n'ai bu qu'un verre d'eau froide depuis que j'ai passé les frontières, et cependant il me paraît que pas un de vous ne me dira : — Chien, veux-tu boire?

Le juge parut ému de ce discours. — Ho! humph! dit-il, tu nous parles comme si tu étais en présence d'un de tes mendians de juges de paix d'Écosse (2). Hé! descends à la cuisine; ha! si mon voisin me permet de prendre cette liberté chez lui, mange un morceau, bois un coup, hé! et je réponds que tu seras satisfait de la justice que nous te rendrons.

— Je ne refuserai pas votre offre obligeante, dit Pierre Peebles en saluant le juge. Que la grace du ciel soit avec Votre Honneur, et qu'elle lui inspire la sagesse convenable dans cette cause extraordinaire.

---

(1) Les mineurs et les ouvriers des salines sont considérés comme de véritables serfs une fois qu'ils ont vendu leur service; il y a contre eux des lois particulières, etc. — Éd.

(2) Allusion contre la pauvreté générale de l'Écosse. — Éd.

Quand je vis Pierre Peebles sur le point de sortir de l'appartement, je ne pus m'empêcher de faire un effort pour qu'il déclarât au juge qui j'étais; je m'avançai donc vers lui, et, le saluant, je lui demandai s'il se souvenait de moi.

Après m'avoir regardé d'un air surpris, et avoir pris une grosse prise de tabac, Pierre Peebles parut enfin me reconnaître. — Si je me souviens de vous! s'écria-t-il; oui, sur ma foi! je m'en souviens. Messieurs, ne le laissez pas échapper! Constables, tenez le bien! Partout où l'on trouve ce jeune vaurien, on peut être sûr qu'Alan Faiford n'est pas bien loin. Qu'il ne s'échappe pas, constables, je vous en rends responsables; je suis bien trompé s'il n'est pas pour quelque chose dans cette affaire de fuite. C'est lui qui emmenait toujours ce jeune écervelé d'Alan, tantôt à cheval, tantôt en wisky, à Roslin, à Preston-Pans (1), et partout où il voulait promener sa fainéantise; c'est un apprenti en fuite lui-même, je vous en réponds.

— Ne soyez pas injuste à mon égard, M. Peebles, je suis sûr que vous n'avez rien à alléguer contre moi, et vous pouvez certifier à ces messieurs, si vous le voulez, que j'étudie le droit à Édimbourg, et que je me nomme Darsie Latimer.

— Moi les en assurer? et comment le pourrai-je? il s'en faut de beaucoup que j'en sois assuré moi-même. Je ne sais quel est votre nom; et tout ce que je puis dire, c'est *nihil novit in causâ* (2).

---

(1) Lieux des environs d'Édimbourg où l'on va en partie de plaisir, comme on va de Paris à Saint-Cloud, à Montmorency, etc.
   Éd.

(2) Il ne connaît rien à la cause. — T<small>E</small>.

— Voilà un excellent témoignage que vous invoquez en votre faveur, hé! me dit M. Foxley. Mais je vais lui faire une question ou deux. Dites-moi, humph! l'ami, prêterez-vous serment que ce jeune homme est un apprenti qui s'est évadé?

— Monsieur, reprit Peebles, qui avait pris un air respectueux avec le juge depuis qu'il avait été question de lui faire donner à souper, je prêterai tout serment raisonnable. Quand une cause doit être décidée d'après mon serment, c'est une cause gagnée. Mais la proposition que Votre Honneur a bien voulu me faire m'a fait sentir que j'ai le ventre creux comme un tambour.

— Hé quoi! on vous le remplira si la chose est possible. Mais, humph! apprenez-moi d'abord si ce jeune homme est réellement ce qu'il prétend être. Ho! Nick, écrivez sa déposition.

— Je veux dire, monsieur, qu'il a.... l'esprit éventé; il n'a jamais voulu s'appliquer à l'étude. En un mot, il est *daft*, Votre Honneur, véritablement daft.

— Daft! humph! que voulez-vous dire par daft? Hé!

— J'entends par daft, un peu timbré, un grain de.... vous m'entendez; il n'y a rien d'extraordinaire à cela: la moitié du monde croit que l'autre moitié est daft. Moi-même j'ai trouvé des gens qui s'imaginaient que j'étais daft; et, quant à moi, je crois que notre cour de session l'est tout-à-fait, puisque voilà vingt ans qu'elle a sous les yeux la grande cause Peebles contre Plainstanes, et qu'elle n'a pas encore été en état d'en trouver le fond.

— Je n'entends pas un mot de son maudit jargon, s'écria le juge du comté de Cumberland en se tournant vers le maître de la maison ; hé ! voisin, le comprenez-vous ? humph ! Que veut-il dire par daft ?

— Il veut dire *fou*, répondit le Squire, mis hors de garde par l'impatience que lui causait la longueur de cette discussion.

— C'est cela, c'est cela ! s'écria Peebles ; c'est-à-dire pas tout-à-fait fou, seulement un peu...

Il s'interrompit en jetant les yeux sur celui qui venait de parler, et en paraissant le reconnaître avec un air de joie et de surprise.

— Quoi ! s'écria-t-il, est-ce bien vous, M. Herries de Birrenswork ; vous en chair et en os ? Je croyais qu'il y avait long-temps que vous aviez été pendu à Kennington-Common (1), à Hairbie (2) ou dans quelque autre endroit, après le jeu que vous avez joué en 1745.

— Vous vous trompez, l'ami, répondit brusquement M. Herries, dont j'apprenais enfin le nom si inopinément.

— Du diable ! si je me trompe, répondit l'imperturbable Pierre Peebles ; je vous reconnais parfaitement, car vous logiez chez moi pendant cette grande année 1745. Ce fut une grande année, la grande rébellion éclata ; ma cause, la grande cause Peebles contre Plainstanes fut appelée au commencement de la session d'hiver, et elle allait être plaidée s'il n'y avait eu un sursis à justice occasioné par vos cornemuses, vos plaids et toutes vos sottises.

(1) Plaine du comté de Surrey, où était autrefois un gibet pour les criminels du comté. — Éd.

(2) Lieu près de Carlisle, où l'on exécutait jadis les maraudeurs et les traîtres au roi. — Éd.

— Je vous dis, répondit Herries avec encore plus d'humeur, que vous me confondez avec quelqu'un des fantômes de votre cerveau dérangé.

— Parlez en homme de bon sens, M. Herries de Birrenswork, répliqua Peebles; ces phrases-là ne sont pas légales. Parlez suivant les formes de la loi, où je vous souhaite le bonjour. Je n'aime pas à converser avec les gens fiers, monsieur, quoique je sois prêt à répondre à quiconque m'adresse la parole d'une manière légale. Si vous voulez que nous causions des anciens temps, et de toutes les querelles que vous et le capitaine Redgimlet avez eues dans ma maison, ainsi que du baril d'eau-de-vie que vous y avez bu et que vous n'avez jamais payé; car à cette époque j'en étais prodigue, quoique j'en aie manqué plus d'une fois depuis ce temps; je suis disposé à perdre une heure avec vous quand vous voudrez. Et où est maintenant le capitaine Redgimlet? Il ne valait pas mieux que vous, Birrenswork. J'espère que vous avez obtenu votre pardon; d'ailleurs on ne fait plus aujourd'hui de poursuites aussi rigoureuses que par le passé contre ceux qui se sont mêlés de cette affaire; il n'est plus question d'abattre des têtes ni d'allonger des cous. Terrible opération! terrible! Voulez-vous goûter mon tabac?

En finissant ces propos interrompus, il tendit à Herries sa large main décharnée en lui présentant une vaste tabatière que celui-ci, après avoir écouté, en homme pétrifié, ce discours débité avec un ton d'assurance, repoussa avec un geste dédaigneux qui fit tomber par terre une partie du tabac qu'elle contenait.

— Fort bien! fort bien! dit Pierre Peebles sans être déconcerté par ce refus; il faut laisser un homme volontaire agir à sa volonté. Mais, ajouta-t-il en se baissant pour ramasser, autant qu'il le put, le tabac répandu sur le plancher, vous avez beau faire le fier avec moi, je n'ai pas le moyen de perdre mon tabac.

J'étais tout attention pendant cette scène aussi extraordinaire qu'inattendue, et j'examinais, autant que mon imagination me le permettait, l'effet qu'elle produisait sur toutes les parties. Il était évident que notre ami Pierre Peebles avait occasioné, sans y songer, quelque découverte qui changeait quelque chose aux sentimens de M. Foxley et de son greffier à l'égard de M. Herries de Birrenswork, avec lequel ils avaient paru vivre dans une intimité parfaite avant qu'on lui eût donné ce nom. Ils causèrent quelques instans à voix basse, et après avoir examiné quelques papiers que maître Nicolas tira d'un grand porte-feuille noir, ils parurent livrés à la crainte et à l'incertitude, et eurent l'air de ne savoir ce qu'ils devaient faire.

Herries, plus intéressant pour moi, faisait une figure toute différente. Quelque peu de ressemblance que Pierre Peebles pût avoir avec l'ange Ituriel, la contenance d'Herries, sa conduite hautaine et dédaigneuse, la contrariété qu'il éprouvait en se voyant découvert, à ce qu'il semblait, son air d'en braver les conséquences, les regards qu'il jetait sur le magistrat et son greffier pendant qu'ils étaient en consultation, et qui annonçaient encore plus de mépris que de courroux et d'inquiétude ; tout, à mon avis, rappelait ce port royal et cette splendeur éclipsée dont le poète a revêtu le roi des puissances de l'air au moment où il est reconnu aux portes d'Eden.

Comme il jetait les yeux autour de lui, en cherchant

à leur donner l'expression d'une indifférence hautaine, il rencontra les miens, et je crois que dans le premier moment il ne put soutenir mes regards. Mais il reprit à l'instant son intrépidité naturelle, et me lança un coup d'œil accompagné de cette contraction des muscles de son front qui y forme des rides si effrayantes. Je tressaillis; mais, mécontent de ma pusillanimité, je fixai mes yeux sur lui en faisant un effort pour donner à ma physionomie la même expression. J'étais en face d'une grande glace antique, et je tressaillis une seconde fois en remarquant dans l'image réfléchie de mes traits la ressemblance réelle ou imaginaire qu'ils offraient avec ceux d'Herries. Bien certainement, Alan, mon destin est singulièrement lié à celui de cet homme étrange et mystérieux. Mais je n'avais pas alors le temps d'y songer beaucoup, car la conversation qui commença exigeait toute mon attention.

Après un intervalle d'environ cinq minutes, pendant lequel personne ne semblait savoir ce qu'il voulait dire, le juge adressa la parole à Herries. Il lui parlait avec embarras, et son bégaiement, et les longues pauses qui séparaient chaque membre de ses phrases, semblaient indiquer que celui à qui il parlait lui inspirait quelque crainte.

— Voisin, lui dit-il, je n'aurais pas cru cela; ou..... humph! si j'avais cru... hé! le moins du monde, que vous... ho! que vous fussiez malheureusement engagé... hé! dans cette affaire de 1745... hem! cela était assez vieux pour l'oublier.

— Est-il donc si singulier qu'un homme ait pris part à l'affaire de 1745? dit Herries avec un calme méprisant; je crois que votre père suivit Derwentwater en 1715.

— Et perdit la moitié de son bien, répondit Foxley avec plus de rapidité que de coutume. — Oui, et il manqua... humph! d'être pendu par-dessus le marché. Mais ceci est une autre affaire; car... hum! 1715 n'est pas 1745. D'ailleurs..... hé! mon père obtint sa grace, au lieu que vous n'avez pas obtenu la vôtre, à ce que je pense.

— Peut-être vous trompez-vous, répliqua Herries avec un air d'indifférence; mais si je ne l'ai pas obtenue, je suis dans le cas de cinq ou six autres dont le gouvernement ne juge pas à propos de s'occuper aujourd'hui, pourvu qu'ils ne causent aucuns troubles.

— Mais vous en avez causé, monsieur, dit le greffier Nicolas Faggot, qui, en raison du petit emploi dont il était revêtu, se croyait obligé de montrer un grand zèle pour le gouvernement. M. le juge Foxley ne peut se charger de la responsabilité qu'il encourrait s'il vous laissait en liberté, maintenant que vos nom et surnoms lui sont connus. Il existe des mandats décernés contre vous, et venus des bureaux du secrétaire d'état.

— Rien de plus invraisemblable, M. le greffier, répondit Herries. Hé! qui pourra croire qu'après un si long intervalle de temps le secrétaire d'état songe aux restes infortunés d'une cause perdue?

— Mais si cela était, reprit le greffier, qui semblait prendre plus de confiance en voyant le calme d'Herries; si quelqu'un par sa conduite, et en mêlant aux vieilles affaires de nouveaux sujets de mécontentement, était devenu suspect au gouvernement, en ce cas je lui conseillerais, comme le parti le plus sage, de se livrer paisiblement et légalement entre les mains de quelque juge de paix, de M. Foxley, par exemple, qui procéderait régulièrement à l'instruction de l'affaire. Je ne fais qu'une supposition de cas, ajouta-t-il en examinant avec une sorte de crainte l'effet que son discours produirait sur celui auquel il était adressé.

— Et faisant la même supposition que vous, M. Faggot, répliqua Herries avec autant de sang-froid, je vous dirai que, si je recevais un tel avis, je demanderais à voir le mandat qui autoriserait un procédé si scandaleux.

M. Nicolas, pour toute réponse, lui remit un papier, et sembla attendre avec inquiétude ce qui en résulterait. M. Herries l'examina d'un air toujours aussi calme, et ajouta : — Et, si l'on me présentait un pareil chiffon dans ma propre maison, je le jetterais au feu, et M. Faggot ensuite.

Ces paroles furent suivies de l'action qu'elles indiquaient. Il jeta d'une main le mandat dans le feu, et de l'autre saisit le greffier à la poitrine avec une force irrésistible, tandis que Faggot, qui n'avait ni la vigueur, ni l'énergie dont il aurait eu besoin pour lutter contre lui, tremblait comme une perdrix sous la serre d'un épervier. Il en fut pourtant quitte pour la peur ; car Herries, croyant lui avoir fait sentir suffisamment la force de son bras, le lâcha avec un sourire méprisant.

— Violence ! voie de fait ! rébellion ! révolte ! s'écria Pierre Peebles, scandalisé en voyant la loi insultée en la personne de Nicolas Faggot. — Mais ses faibles accens furent étouffés sous la voix de tonnerre de M. Herries, qui, appelant Cristal Nixon, lui ordonna de conduire à la cuisine ce fou tapageur, de lui remplir le ventre, de lui donner une guinée, et de le mettre à la porte. D'après de pareilles injonctions, le pauvre Pierre Peebles se laissa emmener sans difficulté.

Herries se tourna alors vers le juge, dont le visage avait perdu sa couleur rubiconde pour prendre la même pâleur que celui de son greffier décontenancé. — Mon ancien voisin, lui dit-il, vous êtes venu ici à ma requête et en ami, pour convaincre ce jeune homme opiniâtre du droit que j'ai sur sa personne en ce moment. Je me flatte que vous n'avez pas dessein de chercher dans votre visite un prétexte pour m'inquiéter sur tout autre objet. Personne n'ignore que, depuis bien des mois, pour ne pas dire bien des années, j'ai vécu en liberté dans ces comtés du nord de l'Angleterre, et qu'il eût été bien facile de me faire arrêter si l'intérêt de l'état l'eût exigé, ou que ma conduite l'eût mérité. Mais nul magistrat anglais n'a été assez peu généreux pour inquiéter un homme infortuné, sous prétexte d'opinions politiques et de querelles terminées par le succès des autorités actuelles. Je me flatte donc, mon bon ami, que vous ne chercherez pas à vous mettre en danger vous-même en envisageant ce qui me concerne sous un autre point de vue que vous ne l'avez fait depuis que nous nous connaissons.

Le juge répondit avec plus de promptitude et de courage que de coutume.

— Hem! voisin Ingoldsby, dit-il, ce que vous dites est en quelque sorte vrai. Quand vous alliez et veniez aux marchés, aux foires, aux courses de chevaux, aux combats de coqs, aux parties de chasse, humph! je n'avais ni envie ni besoin de chercher à dissiper le mystère qui vous entourait; car, hé! tant que vous étiez un bon compagnon de chasse et de table, je ne croyais pas nécessaire de pénétrer dans vos affaires particulières. Si je pensais que vous pouviez avoir été... hum! un peu malheureux dans vos entreprises, dans vos liaisons, et que cette circonstance vous obligeait à vivre d'une manière retirée et mystérieuse, oh! quel plaisir aurais-je pu trouver à aggraver votre situation en exigeant de vous des explications qu'il est quelquefois plus facile de demander que de donner? Mais, hum! quand il existe des mandats contenant des noms et surnoms certifiés par témoins; quand il s'agit d'un homme, hem! accusé (mal à propos, j'espère) d'avoir profité de nouveaux mécontentemens pour faire renaître une discorde civile, ah! le cas n'est plus le même, et il faut, humph! que je fasse mon devoir.

Le juge se leva en finissant son discours, et prit un air aussi brave qu'il lui fut possible. Jugeant le moment favorable pour ma délivrance, j'allai me placer à côté du juge et de son greffier, et je dis à demi-voix à M. Foxley qu'il pouvait compter que je le soutiendrais. Mais M. Herries ne fit que rire de notre attitude menaçante.

— Mon bon voisin, dit-il au juge, vous venez de parler de témoins. Regardez-vous ce fou, ce mendiant comme un témoin admissible en pareille affaire?

— Mais vous ne niez pas que vous ne soyez, humph! M. Herries de Birrenswork, dont il est question dans le mandat du secrétaire d'état.

— Comment puis-je rien affirmer ou nier à ce sujet? le mandat dont vous parlez n'a plus d'existence. Ses cendres ont été dispersées par les quatre vents du ciel, comme l'auraient été celles du prétendu traître qu'il menaçait. Vous ne pouvez me justifier maintenant d'aucun mandat.

— Mais vous ne niez pas que vous ne soyez l'individu désigné dans le mandat, hum! et que le mandat ait été détruit par votre propre fait.

— Je ne désavouerai ni mon nom, ni mes actions, M. Foxley, quand des autorités compétentes m'en demanderont compte; mais je résisterai à toute tentative impertinente pour pénétrer dans les motifs de ma conduite, ou pour s'emparer de ma personne. J'y suis tout préparé; et j'espère que vous, mon bon voisin et compagnon de chasse, et mon ami M. Nicolas Faggot, vous croirez avoir suffisamment rempli vos devoirs envers le roi George et son gouvernement, vous par le discours pathétique que vous venez de m'adresser, lui pour l'avis charitable qu'il m'a donné de me livrer moi-même entre vos mains.

Le ton froid et ironique avec lequel il parlait, le regard fier et l'attitude noble qui exprimaient une confiance entière en la supériorité de sa force, parurent mettre le comble à l'indécision qu'avaient déjà montrée ceux à qui il s'adressait.

Le juge regarda le greffier, le greffier regarda le juge. Le premier dit : ha! hé! sans pouvoir articuler une syllabe de plus. Le second ajouta : — Le mandat étant détruit, M. le juge, je présume que vous n'avez pas dessein de procéder à l'arrestation?

— Hem! je crois, Nick, que... humph! cela ne serait pas tout-à-fait prudent. Et comme l'affaire de 1745 est une vieille affaire, et que mon ami que voici, hé! reconnaîtra son erreur, c'est-à-dire, ho! s'il ne l'a pas encore reconnue, et renoncera au pape, au diable et au Prétendant, humph! soit dit sans vous offenser, voisin; je pense qu'attendu que nous n'avons ni constables, ni officiers de police, ni rien de semblable, le mieux que nous puissions faire c'est de monter à cheval, et de fermer les yeux sur ce qui s'est passé.

— C'est une décision très-judicieuse, dit celui qu'elle intéressait le plus; mais, avant de partir, j'espère que vous vous rafraîchirez, et que nous nous quitterons bons amis.

— Ma foi, dit le juge en s'essuyant le front, notre affaire a été... hum!... a été un peu chaude.

— Cristal Nixon! s'écria M. Herries, apportez-nous un bol capable de rafraîchir tous les juges de paix du comté.

Pendant que Cristal exécutait cet ordre, il y eut un intervalle de silence dont je tâchai de profiter pour ramener la conversation sur ce qui me concernait.

— Monsieur, dis-je au juge Foxley, je n'ai aucun intérêt direct à la discussion que vous venez d'avoir avec M. Herries. Seulement je prendrai la liberté de vous faire observer que vous me laissez, moi sujet loyal du roi George, prisonnier malgré moi d'un homme que vous avez des raisons pour regarder comme ennemi de la maison d'Hanovre. Je vous demande humblement si cette conduite n'est pas contraire à vos devoirs comme magistrat? Je vous prie donc de faire sentir à M. Herries qu'il agit envers moi de la manière la plus illégale; et veuillez prendre des mesures pour me tirer de ses mains sur-le-champ, ou du moins aussitôt que vous le pourrez, après être sorti d'ici.

— Jeune homme, me répondit le juge, je vous prie

de vous souvenir... hé!... que vous êtes sous le pouvoir... sous le pouvoir légal de votre tuteur.

— Il le prétend, répliquai-je ; mais il ne rapporte aucune preuve pour appuyer cette prétention absurde ; et, quand il aurait effectivement ce titre, étant traître à son roi, et n'ayant pas obtenu sa grace, il en serait déchu de droit. Je vous prie donc, M. le juge, et vous aussi, M. le greffier, sur votre responsabilité personnelle, de prendre ma situation en considération, et de m'accorder votre secours.

— Voilà un jeune homme, dit le juge d'un air fort embarrassé, qui pense que j'ai dans la tête..... humph ! tous les statuts des lois anglaises, et dans ma poche..... hé !..... un bataillon de constables pour les faire exécuter. A quoi servirait mon intervention ? Mais... hem ! je vais parler pour vous à votre tuteur.

Il prit à part M. Herries, sembla lui parler avec quelque vivacité ; et ce genre d'intervention était peut-être, dans les circonstances où nous nous trouvions, tout ce que j'avais droit d'espérer de lui.

Tout en s'entretenant, ils jetaient souvent les yeux sur moi. Lorsque Cristal Nixon arriva, apportant un bol énorme rempli de la liqueur que son maître lui avait demandée, Herries se détourna de M. Foxley avec un air d'impatience, en lui disant avec emphase : — Je vous donne ma parole d'honneur que vous n'avez pas le moindre sujet d'avoir aucune appréhension relativement à lui. S'approchant alors de la table, il remplit quatre verres, en prit un, dit tout haut, employant la langue des montagnards, *slaint an rey !* et en présenta un autre au juge Foxley, qui, ne voulant pas s'exposer à boire à la santé du Prétendant en faisant raison à ce toast, vida son verre tout d'un trait en buvant à celle de M. Herries.

Le greffier suivit l'exemple du juge, et je me décidai à les imiter; car s'il est vrai, comme on le dit, que le chagrin altère, je sentais que l'inquiétude et la crainte produisaient au moins le même effet. En un mot, nous épuisâmes la composition d'ale, de vin de Sherry (1), de jus de citron, de muscade et d'autres bonnes choses qui remplissaient l'énorme bol d'argent, sur la surface de laquelle on voyait surnager, suivant l'usage, la rôtie et l'orange grillée, et nous pûmes lire les vers célèbres du docteur Byrom, qui étaient gravés au fond :

> Dieu bénisse le roi, défenseur de la foi !
> Dieu bénisse... je puis le désirer sans crime
> Celui qui se prétend monarque légitime.
> — Oui; mais lequel des deux est prétendant ou roi ?
> — Dieu nous bénisse tous ! c'en est assez pour moi.

J'eus tout le temps d'étudier cette inspiration de la muse jacobite, pendant que M. Foxley remplissait le cérémonial fastidieux de prendre congé de son hôte. Les adieux de M. Faggot furent moins cérémonieux; car je soupçonne qu'il se passa entre lui et M. Herries autre chose que de stériles complimens, puisque je vis celui-ci lui glisser dans la main un morceau de papier très-fin, destiné peut-être à servir de réparation pour la hardiesse avec laquelle il avait brûlé le mandat, et appréhendé rudement à la gorge le respectable ministre de la loi qui le lui présentait. Je remarquai même qu'il fit secrètement cet acte de repentir, et de manière à ne pas être aperçu par le juge.

(1) Vin de Xérès. — Éd.

Quand tous ces arrangemens furent terminés, on se sépara ; et ce ne fut pas sans beaucoup de formalités de la part de M. Foxley, qui, en faisant ses adieux à M. Herries, prononça ces mots remarquables :

— Je suppose, hem ! que vous n'avez pas dessein de rester long-temps dans ce canton.

— Non, quant à présent, vous pouvez en être sûr : j'ai de bonnes raisons pour m'en éloigner. Mais je ne doute pas que mes affaires ne s'arrangent bientôt, et nous ne tarderons pas à faire encore des parties de chasse ensemble.

Il sortit pour accompagner le juge jusqu'à la porte de la cour, et en sortant il ordonna à Cristal Naxon de me reconduire dans mon appartement. Je savais qu'il serait inutile de résister à ce fonctionnaire bourru, ou de chercher à le gagner ; j'obéis donc en silence, et je me retrouvai prisonnier dans ma chambre.

CHAPITRE VIII.

SUITE DU JOURNAL DE DARSIE LATIMER.

Je consacrai plus d'une heure, après être rentré dans ma chambre, à retracer par écrit les événemens singuliers dont je venais d'être témoin. Il me sembla alors que je pouvais hasarder quelques conjectures touchant le caractère de M. Herries, sur le nom et la situation duquel la scène qui venait de se passer avait enfin jeté beaucoup de jour. Ce doit être sans doute un de ces jacobites fanatiques qui, il n'y a pas encore vingt ans, ébranlèrent le trône de la Grande-Bretagne, et dont quelques-uns, quoique leur parti devienne tous les jours plus faible et moins nombreux, conservent encore la pensée de renouveler d'inutiles efforts. Il est vrai qu'il ne ressemble nullement aux zélés jacobites que mon heureuse étoile m'a fait rencontrer jusqu'à ce jour : je me souvenais de vieilles dames de bonne famille, qui, en prenant leur thé, et de vieux lairds à cheveux gris, qui, en buvant leur punch, avaient tenu devant moi des propos dont le sens indiquait une haute trahison fort innocente; les unes se vantant d'avoir dansé dans quelque bal avec le Chevalier, les autres se glorifiant de leurs prouesses à Preston, à Clifton et à Falkirk (1).

Le mécontentement de pareilles personnes avait trop peu d'importance pour exciter l'attention du gouvernement; mais j'avais entendu dire qu'il existait encore des partisans de la famille des Stuarts, d'un caractère plus entreprenant et plus dangereux ; des hommes qui, à l'aide de l'or qu'ils recevaient de Rome, se glissaient en secret, et sous toute sorte de déguisemens, dans toutes les classes de la société, et cherchaient à y entretenir le zèle expirant de leur parti.

Je n'eus aucune difficulté à assigner à ce M. Herries un rang éminent parmi cette classe d'êtres dont l'existence et les manœuvres ne peuvent être révoquées en doute que par ceux qui ne considèrent que la superficie des choses; car l'énergie de son ame, la vigueur de son corps et l'activité de son esprit semblent le rendre particulièrement propre à jouer ce rôle dangereux. Je savais d'ailleurs que sur les frontières, tant du côté de l'Angleterre que de celui de l'Écosse, il se trouve encore un si grand nombre de partisans de la dynastie détrônée, qu'un homme dévoué à ce parti peut y résider en toute sûreté, à moins que le gouvernement ne mette un intérêt tout particulier à s'assurer de sa personne; et, même en ce cas, il peut encore se tirer d'affaire bien souvent, soit par un avis qui lui est donné à propos, soit, comme dans le cas de M. Foxley, par la répugnance qu'ont les magistrats de province à intervenir dans une

---

(1) Les trois batailles où la victoire parut ouvrir à Charles Édouard le chemin d'une restauration. Voir *Waverley*. — Éd.

poursuite qu'on regarde aujourd'hui comme un acte de haine et de vengeance dirigé contre un infortuné.

Cependant des bruits qui ont couru depuis quelque temps, et qui représentaient la nation, ou du moins quelques provinces, comme dans un état de mécontentement et d'agitation occasioné par différentes causes, et surtout par le peu de popularité de l'administration actuelle, ont pu faire croire à ces perturbateurs du repos public que l'instant était favorable pour recommencer leurs intrigues, tandis que, d'une autre part, le gouvernement, dans un tel moment de crise, pouvait être moins disposé à les regarder avec le mépris qui, quelques années auparavant, aurait suffi pour leur punition.

Qu'il se trouve des hommes assez téméraires et assez insensés pour prodiguer leur fortune et leur sang en faveur d'une cause désespérée, ce n'est pas une chose neuve, l'histoire fournit maint exemple d'un pareil dévouement. Que M. Herries soit un de ces enthousiastes, c'est ce qui n'est pas moins évident; mais tout cela n'explique pas sa conduite à mon égard. S'il avait voulu faire de moi un prosélyte, la violence et la contrainte étaient des moyens qui ne pouvaient réussir avec un esprit généreux; mais, quand même tel serait son but, à quoi pourrait lui servir de gagner à son parti un homme qui n'aurait uniquement que sa personne à offrir pour soutenir une querelle dont il consentirait à faire la sienne? Il avait prétendu avoir sur moi les droits d'un tuteur; il avait plus que donné à entendre que j'étais dans une situation d'esprit qui exigeait l'exercice de cette autorité. Cet homme, si opiniâtre dans ses projets, et paraissant disposé à soutenir lui seul une cause qui a été la ruine de tant d'autres, était-il donc celui qui avait le pouvoir de décider de mon destin? Était-ce de sa part que j'avais à craindre ces dangers dont on avait voulu me mettre à l'abri en me faisant élever avec tant de mystère et de précautions?

Et si cela était, de quelle nature étaient les droits qu'il prétendait faire valoir? Les tenait-il de la parenté? Partagerais-je le sang et peut-être les traits de cet être singulier? Tout étrange que cela puisse paraître, le frémissement involontaire qui m'agita au moment où cette idée s'offrit à mon imagination était mêlé d'un sentiment secret de surprise, de terreur et presque de plaisir. Je me rappelai la réflexion de mes traits dans une glace, à un instant remarquable de la scène à laquelle je venais d'assister; je courus dans ma première chambre consulter un miroir, et vérifier s'il m'était possible de donner à mon front cette expression qui paraissait si terrible sur celui d'Herries. Mais ce fut en vain que je fronçai les sourcils, et que je cherchai à me creuser des rides de mille manières, je fus obligé de conclure ou que la marque que j'avais cru voir sur mon front était imaginaire, ou qu'elle ne pouvait être produite par un effort volontaire; ou enfin, ce qui me parut plus vraisemblable, que la ressemblance qui m'avait frappé était du genre de celles que l'imagination découvre dans les cendres d'un foyer, ou dans les veines variées du marbre, distinctes au premier instant, obscures ou invisibles celui d'après, suivant les combinaisons des lignes qui frappent les yeux, ou qui font impression sur l'esprit.

Tandis que j'étais à me mouler le visage comme un acteur qui veut se donner un bon masque, la porte s'ouvrit tout à coup, et Dorcas entra. Honteux et piqué d'être surpris dans cette singulière occupation, je me tournai brusquement vers elle, et je suppose que le hasard produisit sur mes traits l'expression que je cherchais à leur donner.

Dorcas recula d'étonnement. — Ne me regardez donc pas comme cela! s'écria-t-elle, je vous en prie pour l'amour du ciel! vous ressemblez au Squire comme... Mais le voici qui vient, ajouta-t-elle en s'enfuyant; et, si l'on en voulait trouver un troisième qui sût froncer le sourcil comme vous deux, ce ne serait qu'au diable qu'on pourrait s'adresser.

A peine avait-elle proféré ces paroles en se retirant, que M. Herries entra. Il s'arrêta en remarquant que, fixés encore sur la glace, mes yeux cherchaient à retrouver sur mon front quelques traces de l'expression qui avait sans doute effrayé Dorcas. Il sembla deviner ce qui se passait dans mon esprit, car, lorsque je me tournai vers lui, il me dit: — N'en doutez pas, la marque fatale qui distingue notre race est imprimée sur votre front, quoiqu'elle ne soit pas maintenant aussi distincte qu'elle le deviendra quand l'âge, les chagrins, les passions et le repentir y auront creusé leurs rides.

— Homme mystérieux, lui répondis-je, je ne sais de quoi vous me parlez. Il règne dans vos discours autant d'obscurité que dans vos projets.

— Asseyez-vous donc, répliqua-t-il, et écoutez-moi. Je soulèverai, du moins à cet égard, le voile dont vous vous plaignez; mais il ne vous laissera voir que crime et douleur, — un crime suivi d'un étrange châtiment, et une douleur dont la Providence a imposé le triste héritage à une famille malheureuse.

Il garda le silence un instant, et commença ensuite

son récit du ton d'un homme qui, quelque éloignés que fussent les événemens qu'il racontait, y prenait pourtant l'intérêt le plus vif. Sa voix, toujours forte et sonore, comme je vous l'ai déjà dit, ajoutait à l'effet de son récit; et je vais tâcher, en l'écrivant, d'employer, autant qu'il me sera possible, les termes dont il se servit.

— Ce n'est pas depuis peu que nos voisins les Anglais ont appris que le meilleur moyen qu'ils pussent adopter pour vaincre leurs voisins indépendans était de semer parmi eux la division et de faire naître la guerre civile. Je n'ai pas besoin de vous rappeler dans quel état de servitude l'Écosse se trouva réduite par les malheureuses guerres qui eurent lieu entre les factions de Bruce et de Baliol; vous savez qu'après que l'Écosse eut été délivrée d'un joug étranger par la valeur de l'immortel Bruce, tous les fruits du triomphe de Bannockburn (1) furent perdus par les défaites de Dupplin et d'Halidon, et qu'Édouard Baliol, le favori et le feudataire du monarque anglais qui portait le même nom, sembla pendant quelque temps jouir de la possession incontestée du trône naguère occupé par le plus grand général et le prince le plus sage de l'Europe. Mais l'expérience de Bruce n'était pas morte avec lui. Il restait des compagnons de ses travaux guerriers, et tous se rappelaient les heureux efforts par lesquels, dans des circonstances si désavantageuses, il avait réussi à délivrer l'Écosse.

L'usurpateur, Édouard Baliol, faisait une orgie avec quelques-uns de ses favoris dans le château d'Annan,

(1) Voyez le dernier chant du *Lord des Iles*, et les notes à l'appui. — Éd.

quand il y fut surpris tout à coup par une troupe d'élite de patriotes insurgés. Leurs chefs étaient Douglas, Randolphe, le jeune comte de Moray, et sir Simon Fraser; leur succès fut si complet, que Baliol ne dut la vie qu'au parti qu'il prit de s'enfuir, à demi vêtu, sur un cheval qu'on n'eut pas même le temps de seller. Il était important de s'emparer de sa personne, et il fut poursuivi de près, dans sa fuite, par un vaillant chevalier, d'origine normande, dont la famille était établie depuis long-temps sur ces frontières. Le nom normand de cette famille était Fitz-Aldin; mais le carnage que ce chevalier fit des Anglais, et la répugnance qu'il avait montrée à leur faire quartier pendant les guerres sanglantes de ce temps, lui firent donner le surnom de *Redgauntlet* (1), qu'il transmit à sa postérité.

— Redgauntlet! répétai-je involontairement.

— Oui, dit mon prétendu tuteur en fixant sur moi des yeux perçans; ce nom réveille-t-il quelques idées dans votre imagination?

— Aucune, lui répondis-je, si ce n'est que je l'ai entendu donner, il n'y a pas long-temps, au héros d'une légende merveilleuse.

— Il en court beaucoup d'étranges sur cette famille, répliqua-t-il; et il reprit le fil de son histoire.

— Alberic Redgauntlet, le premier de cette maison qui fut nommé ainsi, était, comme on peut le juger d'après un tel nom, d'un caractère farouche et implacable, et des querelles de famille aigrirent encore cette disposition naturelle. Un fils unique, alors âgé de dix-huit ans, avait tellement l'esprit impérieux de son père,

(1) Gantelet-Rouge, ou *Gantelet-Sanglant*. — Éd.

que, ne pouvant supporter aucune espèce de contrainte, il secoua le joug de l'autorité paternelle, quitta sa famille, abjura ses opinions politiques, et attira sur lui son éternel courroux en se joignant aux partisans de Baliol. On dit que son père, dans un accès de fureur, maudit son fils dégénéré, et jura que, s'il le rencontrait jamais, il périrait de sa main. Cependant la Providence sembla lui promettre de le dédommager de la perte d'un fils, son épouse, après bien des années, se trouvant dans une situation à lui faire espérer un héritier qui serait peut-être plus docile.

Mais l'intérêt que lui inspirait la position délicate de son épouse ne put l'empêcher de prendre part à l'entreprise de Douglas et de Moray. Il avait été le plus ardent à l'attaque du château, et il fut un des premiers qui se mirent à la poursuite de Baliol, massacrant ou mettant en fuite le petit nombre de partisans hardis qui cherchaient à couvrir la fuite de l'usurpateur.

Lorsqu'ils eurent été mis en déroute et taillés en pièces, le formidable Redgauntlet, ennemi mortel de la maison de Baliol, n'était plus éloigné de l'usurpateur fugitif que d'environ deux fois la longueur de sa lance, dans un défilé étroit, quand un jeune homme, un des derniers qui restaient près de Baliol, se jeta entre eux, soutint le choc d'Alberic, et fut désarçonné. Son casque se détacha, et les rayons du soleil qui se levait alors sur le Solway firent reconnaître à Redgauntlet les traits de son fils désobéissant, portant les couleurs de l'usurpateur.

Il voyait son fils renversé devant les pieds de son cheval, mais il voyait aussi Baliol, l'usurpateur de la couronne d'Écosse, qui, encore à sa portée, n'était séparé de lui que par le corps du jeune Écossais étendu sur le sable. Sans s'arrêter pour savoir si Édouard était blessé, il donna un coup d'éperon à son cheval pour lui faire franchir le corps du jeune homme; malheureusement il n'y réussit pas. Le coursier s'élança, mais un de ses pieds de derrière frappa le fils au front, à l'instant où il cherchait à se relever. Le coup fut mortel. Il est inutile d'ajouter que la poursuite cessa, et que Baliol s'échappa.

Quelque farouche que fût Redgauntlet, à ce qu'on assure, cependant il fut accablé de remords à l'idée du crime qu'il avait commis. Mais quand il fut de retour en son château, ce fut pour y trouver de nouveaux sujets de chagrin. En apprenant ce fatal événement, sa femme avait été saisie des douleurs de l'enfantement avant le terme fixé par la nature, et il arriva pour la voir mourir en donnant le jour à un fils. Redgauntlet resta plus de vingt-quatre heures près de son corps sans changer ni de traits ni d'attitude, autant que ses domestiques purent le remarquer. L'abbé de Dundrennan lui adressa en vain des paroles de consolation. Douglas, qui vint voir dans son affliction un patriote si distingué par son zèle, réussit mieux à le distraire des sombres idées qui l'occupaient. Il ordonna aux trompettes de sonner un air anglais dans la cour, et Redgauntlet, courant à ses armes, retrouva l'exercice de ses facultés que l'étendue de ses malheurs lui avait fait perdre.

A compter de ce moment, quels que pussent être les sentimens qui l'agitaient intérieurement, il ne montra plus aucune émotion à l'extérieur. Douglas fit apporter l'enfant, mais même les soldats à cœur de fer furent saisis d'horreur en voyant qu'une loi mystérieuse de la nature avait imprimé la cause de la mort de sa mère et la preuve du crime de son père sur le front innocent du nouveau-né, car on y voit distinctement gravée la forme d'un fer à cheval. Redgauntlet lui-même le fit remarquer à Douglas, et lui dit avec un sourire amer : — Il aurait dû être ensanglanté.

Quoique l'habitude des guerres civiles eût mis Douglas à l'abri des impressions d'une sensibilité trop vive, il fut ému de compassion pour son frère d'armes ; et, frémissant d'une telle scène, il témoigna le désir de quitter une maison qui offrait un tel spectacle d'horreurs. En partant, il conseilla à Alberic Redgauntlet de faire un pèlerinage à Saint-Ninian de Whitehern (1), suivant l'usage de ce temps, et se retira avec une précipitation qui aurait rendu encore plus déplorable, si c'eût été possible, l'état d'abandon de son malheureux ami. Sir Alberic fit ensevelir les corps des deux victimes, son fils et son épouse, à côté l'un de l'autre, dans la chapelle de son château, après les avoir fait embaumer par un des plus habiles chirurgiens de cette époque, et l'on dit que pendant bien long-temps il passa, toutes les nuits, quelques heures dans le caveau où ils étaient déposés.

Enfin il fit son pèlerinage à Whitehern. Il s'y confessa pour la première fois depuis ses infortunes, et il reçut l'absolution d'un vieux moine qui mourut ensuite en odeur de sainteté. On assure qu'il fut prédit alors à Redgauntlet qu'attendu son patriotisme inébranlable,

---

(1) Il y a en Écosse le Saint-Ninian du Stirlingshire dont il est souvent question dans le poëme et les notes de *la Dame du Lac*; mais le Saint Ninian de Whithern ou Whithorn est dans le comté de Wiglon. — Éd.

sa famille conserverait son influence au milieu de tous les changemens que réservait l'avenir ; mais qu'en punition de sa cruauté implacable envers son fils, le cie avait décrété que la valeur de sa race serait toujours inutile, et que la cause qu'elle embrasserait ne serait jamais victorieuse.

Se soumettant à la pénitence qui lui était imposée, sir Alberic partit alors pour faire un pèlerinage, à ce qu'on croit, soit à Rome, soit même au Saint-Sépulcre. Le bruit de sa mort se répandit généralement ; et ce ne fut que treize ans après, lors de la grande bataille de Durham, qui fut livrée entre David Bruce et Philippe d'Angleterre, qu'un chevalier, portant un fer à cheval sur sa bannière, parut à l'avant-garde de l'armée écossaise, et se distingua par une valeur désespérée. Il périt accablé par le nombre, et l'on reconnut après sa mort que c'était l'intrépide et malheureux sir Alberic Redgauntlet.

— Et ce signal fatal, dis-je quand Herries eut terminé sa narration, est-il imprimé sur toute la postérité de cette maison infortunée?

— Il s'est perpétué de génération en génération, me répondit Herries, et l'on prétend le reconnaître encore de nos jours. Mais au milieu de cette croyance populaire, il est possible qu'il se trouve quelque chose de cette imagination qui crée elle-même ce qu'elle voit. On ne peut pourtant disconvenir que, de même que d'autres familles ont certains traits caractéristiques qui les distinguent, la plupart des descendans de Redgauntlet ne soient remarquables par une disposition singulière des rides du front, et l'on suppose qu'ils la tiennent d'un de leurs ancêtres, du fils d'Alberic, frère de ce malheureux Édouard qui périt d'une manière si déplorable. Il est également certain que la destinée de la maison de Redgauntlet semble avoir toujours été de se déclarer pour le parti vaincu, dans toutes les guerres civiles qui ont divisé le royaume depuis le temps de David Bruce jusqu'à la dernière tentative faite avec tant de courage et avec si peu de succès par le Chevalier... par Charles Édouard. —

Il poussa un profond soupir en prononçant ces paroles, comme si ce sujet eût fait naître en lui une suite de réflexions pénibles.

— Et suis-je donc descendu de cette race infortunée? m'écriai-je. Lui appartenez-vous aussi? Et si cela est vrai, pourquoi un parent me fait-il éprouver un traitement aussi injuste que cruel?

— Ne m'en demandez pas davantage quant à présent, me répondit-il. La conduite que je tiens à votre égard n'est pas une affaire de choix; elle m'est dictée par la nécessité. Vous fûtes enlevé à votre famille et à votre tuteur légal par l'ignorance et la timidité d'une mère trop tendre, incapable d'apprécier les raisonnemens et les sentimens de ceux qui préfèrent l'honneur et les principes à la fortune et à la vie même. Le jeune faucon qui n'a connu que les soins maternels doit être dompté par la privation du sommeil avant que le fauconnier se hasarde à lui donner l'essor.

Je fus épouvanté d'une déclaration qui semblait me menacer d'une captivité dont la durée serait longue et le terme dangereux. Je jugeai pourtant à propos de lui montrer quelque fermeté, mais en employant un ton de conciliation. — M. Herries, lui dis-je, s'il est vrai que ce nom vous appartienne, parlons sans recourir à ce système de mystère et d'alarmes que vous semblez trop disposé à employer contre moi. Je suis depuis bien long-temps, hélas! privé des soins de cette tendre mère dont vous venez de parler. J'ai été long-temps confié à des mains étrangères. J'ai été forcé de former mes résolutions d'après mes propres idées. L'infortune, l'abandon dans lequel j'ai vécu depuis mon enfance, m'ont donné le droit de diriger moi-même toutes mes actions, et la contrainte ne me ravira pas le plus précieux des privilèges d'un Anglais.

— Vrai jargon du jour, dit Herries d'un ton méprisant. Le privilège du libre arbitre n'appartient à personne. Nous sommes tous enchaînés par les liens de nos devoirs; notre sentier est circonscrit par les règles de l'honneur; nos actions les plus indifférentes ne sont que des mailles du filet dont la destinée nous enveloppe.

Il se promenait dans la chambre d'un pas rapide, et il continua avec un ton d'enthousiasme qui, d'accord avec d'autres particularités de sa conduite, semble indiquer une imagination exaltée.

— Rien, dit-il d'une voix forte, mais mélancolique; rien n'est l'œuvre du hasard, rien n'est la conséquence d'une volonté libre. La liberté, dont se vante l'Anglais, n'existe pas plus pour celui qui prétend en jouir que pour l'esclave courbé sous le despotisme d'un sultan. L'usurpateur Guillaume de Nassau sortit pour chasser, et pensa sans doute que c'était par un acte de sa volonté royale que le cheval de sa victime assassinée l'attendait pour le conduire à ses plaisirs. Mais le ciel avait d'autres vues, et avant que le soleil fût à son midi, un misérable obstacle, une vile taupinière fit faire au coursier un faux pas qui coûta la vie à son orgueilleux cavalier, et fit tomber de sa tête la couronne usurpée. Croyez-vous qu'en tirant les rênes d'un côté ou de l'autre il eût pu éviter cet obstacle à son chemin? je vous dis qu'il était aussi inévitable que si c'eût été la longue chaîne du Caucase. Oui, jeune homme, en agissant, en souffrant, nous ne faisons que jouer le rôle assigné à chacun de nous par le destin, qui dirige ce drame étrange ; nous ne pouvons ni faire un pas qui ne nous soit prescrit, ni dire un mot qui ne nous soit ordonné. Et cependant nous parlons de volonté libre, de liberté de pensée et d'action, comme si Richard ne devait pas périr et vaincre (1) précisément comme l'auteur de la pièce l'a décidé !

Il se tut, et continua de marcher les bras croisés et les yeux baissés. — Le bruit de ses pas, le son de sa voix, me rappelèrent que, dans une autre occasion, j'avais entendu cet être singulier murmurer ainsi des monologues dans sa chambre solitaire. Je remarquai que, comme les autres jacobites, il adoptait, dans son animosité contre la mémoire du roi Guillaume, l'opinion née de l'esprit de parti, que ce monarque, le jour de son fatal accident, montait un cheval qui avait autrefois appartenu à l'infortuné sir John Friend, exécuté pour haute trahison en 1696.

Je sentis qu'au lieu de courir le risque d'irriter davantage l'homme étrange au pouvoir duquel je me trouvais soumis si singulièrement, je devais plutôt chercher à l'apaiser. Lorsque je crus voir que la fermentation de ses idées commençait à se calmer, je lui répondis :

— Je ne veux pas discuter une question métaphysique aussi subtile que celle de fixer les limites entre le

(1) Richard III de Shakspeare. — Éd.

libre arbitre et la prédestination; je m'en sens même incapable. Espérons que nous pouvons vivre avec honneur et mourir pleins d'espérance, sans être obligés de nous former une opinion décidée sur un point qui s'élève tellement au-dessus de notre intelligence.

— Sagement résolu, dit-il avec un sourire moqueur; vous avez trouvé cette réponse dans quelque sermon de Genève.

— Mais, ajoutai-je, j'appelle votre attention sur le fait, que moi, tout aussi-bien que vous, je suis soumis à des impulsions qui sont, ou le résultat de ma volonté libre, ou les conséquences du rôle qui m'est assigné par la destinée. Elles peuvent être, je dirai même qu'elles sont en ce moment en opposition directe avec celles qui vous font agir. Vous vous sentez peut-être destiné à jouer le rôle d'un geôlier, moi je sens que je le suis à jouer celui d'un captif qui cherche à s'échapper. L'un de nous doit avoir tort, mais qui prononcera sur cette question avant que l'événement en ait décidé?

— Je me sentirai destiné à recourir à quelques moyens de contrainte sévère, répondit-il du même ton que j'avais pris, c'est-à-dire moitié plaisant, moitié sérieux.

— En ce cas, répliquai-je, mon destin sera de tout tenter pour reconquérir ma liberté.

— Et le mien pourra être, jeune homme, s'écria-t-il d'une voix forte et sévère, de vous voir mort plutôt que libre.

C'était s'expliquer clairement; mais je ne restai pas sans réponse.

— Vous me menacez en vain, lui dis-je : les lois de mon pays me protégeront, ou si elles ne peuvent me protéger, elles me vengeront.

Je prononçai ces mots avec fermeté, et il parut un moment réduit au silence. L'air de mépris avec lequel il me répondit enfin avait même quelque chose d'affecté.

— Les lois, jeune étourdi, s'écria-t-il; et que connaissez-vous aux lois de votre pays? Avez-vous pu apprendre la jurisprudence sous un vil griffonneur de parchemin comme le vieux Fairford, ou sous ce jeune fat, ce pédant ignorant, son fils, qui ajoute sans doute maintenant à son nom le titre d'avocat? Quand l'Écosse était indépendante, quand elle avait son roi et son corps législatif, de tels misérables plébéiens, au lieu d'être appelés à plaider à la barre de ses cours suprêmes de justice, auraient à peine été admis à l'honneur d'y paraître pour porter un sac de procédures.

Alan, je ne pus entendre un tel discours sans indignation, et je lui répondis avec vivacité qu'il ne connaissait pas l'honneur et le mérite de ceux qu'il insultait ainsi.

— Je connais ces Fairford aussi bien que je vous connais vous-même, me répondit-il.

— Aussi bien et aussi peu, répliquai-je, car vous n'appréciez ni ce qu'ils valent ni ce que je vaux. Je sais que vous les avez vus il n'y a pas long-temps à Édimbourg.

— Ah! s'écria-t-il en fixant sur moi ses yeux perçans.

— C'est la vérité, repris-je, vous ne pouvez le nier. Et vous ayant ainsi prouvé que vos mouvemens ne me sont pas tout-à-fait inconnus, souffrez que je vous avertisse que j'ai des moyens de communication que vous ne connaissez pas. Ne me réduisez pas à les employer à votre préjudice.

— A mon préjudide, jeune homme! Je ris de votre

folie, et je vous la pardonne. Je vous dirai même, ce que vous ignorez encore, que ce furent les lettres que vous aviez reçues de cet Alan Fairford qui me firent soupçonner, ce qui fut confirmé par le résultat de mon voyage à Édimbourg, que vous étiez l'individu que j'avais cherché pendant tant d'années.

— Si vous l'avez appris en lisant les lettres que j'avais sur moi pendant la nuit que je fus obligé de passer chez vous à Brokenburn, je ne vous envie pas l'indifférence que vous montrez sur les moyens d'obtenir des informations : il est déshonorant.

— Paix, jeune homme! dit-il avec plus de calme que je ne m'y attendais; de pareilles expressions ne doivent jamais trouver place dans la même phrase que mon nom. Votre porte-feuille était dans la poche de votre habit; il aurait été sacré pour moi, mais il n'échappa point à la curiosité d'un autre. Mon domestique, Cristal Nixon, m'annonça cette nouvelle après votre départ. Je fus mécontent de la manière dont il l'avait apprise; mais ce n'en était pas moins un devoir pour moi de m'assurer de la vérité, et ce fut dans ce dessein que je me rendis à Édimbourg. J'avais quelque espoir de déterminer M. Fairford à entrer dans mes vues; mais je lui trouvai trop de préjugés pour me fier à lui. C'est un misérable et timide esclave du gouvernement qui tient notre malheureux pays sous un joug déshonorant; il ne m'aurait pas convenu, il aurait même été imprudent de lui confier le secret du droit que je possède de diriger vos actions, et de la manière dont je me propose de l'exercer.

J'étais déterminé à profiter de son humeur communicative, pour tâcher de jeter, s'il était possible, un peu plus de jour sur ses projets. Il semblait particulièrement sensible au point d'honneur, et je résolus de tirer parti, mais avec précaution, de sa susceptibilité à cet égard.

— Vous dites, lui répliquai-je, que vous n'aimez pas les voies détournées, et que vous n'approuvez pas les moyens employés par votre domestique pour connaître mon nom et mon état : mais est-il donc honorable de profiter des renseignemens obtenus d'une manière qui ne l'est point ?

— La demande est hardie, me répondit-il ; mais, quand elle ne va pas trop loin, la hardiesse ne me déplaît pas. Vous avez, dans cette courte conférence, montré plus de caractère et d'énergie que je ne m'attendais à en trouver en vous. J'espère que vous ressemblerez à un arbre des forêts, qui, ayant été élevé, par quelque accident, dans une serre chaude, est devenu étiolé, mais auquel l'air vif d'un hiver rend la force et la vigueur qui lui étaient naturelles. Je répondrai donc clairement à votre question. Dans les affaires, comme dans la guerre, les délateurs et les espions sont des maux nécessaires. Tous les gens de bien les détestent ; mais tous les hommes prudens s'en servent, à moins qu'ils ne veuillent agir et combattre les yeux fermés. Mais rien ne peut justifier en nous l'emploi de la fausseté et de la trahison.

Je vis que ce que j'avais de mieux à faire était de continuer à lui parler avec la même hardiesse. — Vous avez dit à M. Fairford père, continuai-je, que j'étais fils de Ralph Latimer, de Langcote-Hall. Comment conciliez-vous cette assertion avec celle que vous venez de faire aujourd'hui, que mon nom n'est pas Latimer?

Il rougit en me répondant : — Le vieux radoteur a menti, ou peut-être il n'a pas bien compris ce que je voulais dire. Je lui ai dit que M. Ralph Latimer pouvait bien être votre père. Pour dire la vérité, je désirais vous voir entrer en Angleterre, parce que je savais qu'une fois que vous seriez dans ce pays je reprendrais tous mes droits sur vous.

Cet aveu me fit pleinement comprendre pourquoi on m'avait si souvent recommandé de ne point passer les frontières d'Écosse si je tenais à ma sûreté; et je maudis la folie qui m'avait fait errer autour du péril comme un moucheron autour d'une lumière, jusqu'à ce que je me fusse attiré le malheur que j'avais bravé.

— Et quels sont les droits que vous prétendez avoir sur moi? lui demandai-je; quel usage comptez-vous en faire?

—Un usage important, vous pouvez en être bien sûr; mais je n'ai pas dessein de vous en communiquer, quant à présent, la nature et l'étendue. Vous pouvez juger du prix que j'y attache, puisque, pour m'emparer de votre personne, je me suis abaissé jusqu'à me joindre à ces vagabonds qui ont détruit la pêcherie de ce misérable quaker. Il est très-vrai que je le méprisais; que j'étais mécontent de sa cupidité et d'un genre de pêche nuisible aux plaisirs de ceux qui s'y livraient plus noblement; mais, sans les desseins que j'avais sur vous, ce n'est pas moi qui l'aurais empêché de conserver ses filets à pieux jusqu'à ce que la marée cessât d'entrer dans le Solway et d'en sortir.

— Hélas! c'est donc un double malheur pour moi,

que d'en avoir involontairement attiré un sur un homme honnête et qui m'avait montré de l'amitié.

— Ne vous en chagrinez pas ; l'honnête Josué est de ces gens qui, à l'aide de longues prières, savent se mettre en possession des maisons des veuves. Il aura bientôt réparé ses pertes. Lui et les autres hypocrites de sa secte constituent le ciel leur débiteur après des accidens semblables; et, afin de s'en indemniser, ils se permettent des friponneries sans remords jusqu'à ce qu'ils aient rétabli le niveau de la balance, ou qu'ils l'aient fait pencher de leur côté. Mais en voilà assez sur ce sujet quant à présent. Il faut que je change de logement sur-le-champ; car, quoique je ne craigne pas que l'excès du zèle du juge Foxley et de son greffier les porte à adopter des mesures extrêmes, le malheureux hasard qui a voulu que ce misérable fou me reconnût leur rend plus difficile de fermer les yeux sur moi, et je ne dois pas mettre leur patience à une trop rude épreuve. Il faut donc vous disposer à me suivre, soit comme prisonnier, soit comme compagnon. En ce dernier cas, je ne vous demande que votre parole d'honneur de ne pas chercher à vous échapper; et, si vous étiez assez malavisé pour y manquer, soyez certain que je vous ferais sauter le crâne sans aucun scrupule.

— J'ignore vos plans et vos projets, M. Herries; mais je ne puis les regarder que comme dangereux. Je n'ai pas dessein d'aggraver ma situation par une résistance inutile contre la force supérieure qui me retient captif. Mais je ne renoncerai pas au droit de recouvrer ma liberté si une occasion favorable s'en présentait. J'aime donc mieux être votre prisonnier que votre compagnon.

—C'est parler franchement, et cependant avec la prudence d'un élève de la bonne ville d'Édimbourg. De mon côté, je ne veux vous soumettre à aucune contrainte inutile. Au contraire, vous voyagerez aussi commodément que peut le permettre le soin que je dois prendre de vous garder. Vous sentez-vous assez fort pour monter à cheval, ou préférez-vous voyager en voiture? Le cheval est ce qui convient le mieux au pays que nous allons traverser ; cependant je vous laisse le choix.

—Je sens que mes forces reviennent peu à peu, et je préférerais beaucoup voyager à cheval : on est si renfermé dans une voiture!...

— Et si facilement gardé, dit Herries en me regardant comme s'il eût voulu lire au fond de mon ame, que vous croyez sans doute qu'un cheval facilite davantage des projets de fuite.

—Mes pensées sont à moi, monsieur, et vous ne pouvez en gêner la liberté, quoique vous teniez ma personne en captivité.

— Oui, mais je puis les deviner. Je vous conseille de ne pas faire d'entreprise téméraire; je me charge, moi, de vous surveiller de près. Le linge et les vêtemens qui vous sont nécessaires dans les circonstances où vous vous trouvez sont déjà préparés. Cristal Nixon vous servira de valet, je devrais peut-être dire plutôt de femme de chambre. Votre habit de voyage vous paraîtra peut-être un peu singulier; mais, si vous refusiez de vous en servir, vous voyageriez pour partir d'ici d'une manière aussi désagréable que vous l'avez fait pour y arriver. Adieu. Nous nous connaissons maintenant un peu mieux qu'auparavant ; ce ne sera pas ma faute, si, quand nous nous connaîtrons encore mieux, nous ne prenons pas l'un de l'autre une opinion plus favorable.

Il me souhaita le bonsoir d'un air civil, et me laissa à mes réflexions. En ouvrant la porte, il se retourna pour me dire que nous partirions le lendemain au point du jour au plus tard, et peut-être même plus tôt; mais il me fit un compliment en supposant qu'étant chasseur, je devais toujours être prêt à partir en un clin d'œil.

Voilà donc que nous nous sommes expliqués, cet homme singulier et moi, et je connais jusqu'à un certain point ses vues personnelles. Il a adopté un système politique désespéré; et, d'après quelques prétendus liens de tutelle et de parenté qu'il n'a pas daigné m'expliquer, mais qu'il paraît avoir eu le talent de faire passer pour argent comptant dans l'esprit d'un sot juge de paix de campagne et de son fripon de greffier, il s'arroge le droit de diriger et de régler tous mes mouvemens. Le danger qui me menaçait en Angleterre, et que je devais éviter en restant en Écosse, était sans doute l'autorité de cet homme. Les périls que ma pauvre mère craignait pour moi dans mon enfance, ceux dont mon ami Griffith cherchait à me préserver par ses avis pendant ma jeunesse inconsidérée, sont enfin venus fondre sur moi; et me voilà, sous un prétexte légal, détenu, d'une manière que les lois ne sauraient approuver, par un homme à qui sa conduite politique a dû faire perdre tous les droits qu'il pouvait avoir.

N'importe! mon parti est arrêté: ni la persuasion ni les menaces ne me forceront à prendre part aux projets désespérés que cet homme médite. Soit que je reste dans le monde un être aussi insignifiant que ma vie passée semble l'indiquer, soit que ma naissance et ma fortune m'y donnent assez d'importance (comme la conduite de cet homme paraît le rendre assez vraisemblable) pour qu'on regarde comme utile de m'attacher à une faction politique ; dans l'un et l'autre cas, ma résolution est invariable. Ceux qui liront ce journal d'un œil impartial pourront juger de moi en toute connaissance de cause, et, s'ils m'accusent de folie pour m'être exposé au danger sans nécessité, ils n'auront aucune raison, maintenant que les périls m'environnent, pour me regarder comme un lâche ou comme un apostat. J'ai été élevé dans des sentimens d'attachement pour la famille qui occupe le trône, et je les conserverai jusqu'au tombeau.

J'ai quelque idée que M. Herries a déjà reconnu que je ne suis pas d'un caractère aussi souple qu'il se l'était d'abord imaginé. Des lettres de mon cher Alan Fairford, contenant quelques plaisanteries sur mon humeur versatile, se trouvaient dans le porte-feuille dans lequel, d'après l'aveu de mon prétendu tuteur, son domestique s'est permis de fureter pendant la nuit que j'ai passée à Brokenburn, où, avec l'imprudence d'un jeune voyageur, j'avais confié mes habits mouillés à un domestique étranger, sans prendre la précaution d'en vider les poches. D'une autre part, mon digne hôte et bon ami, M. Alexandre Fairford, a pu, avec toute justice, parler à cet homme de ma légèreté d'esprit. Mais il verra que tous ses calculs se fondent sur de fausses indications.

Il faut que je quitte la plume, quant à présent.

CHAPITRE IX.

CONTINUATION DU JOURNAL DE DARSIE LATIMER

Je jouis enfin d'une pause. Me voici assez seul pour pouvoir continuer mon journal : il est devenu pour moi une sorte de tâche et de devoir, et, si je ne m'en acquitte pas, il me semble qu'il manque quelque chose à ma journée. Il est vrai qu'il peut arriver que l'œil d'un ami ne s'arrête jamais sur le travail qui a charmé les heures solitaires d'un malheureux prisonnier ; mais l'exercice de la plume semble produire l'effet d'un calmant sur l'agitation de mon esprit et le tumulte de mes passions. Toutes les fois que je la quitte, je me trouve plus fort dans mes résolutions, plus ardent dans mes espérances. Mille inquiétudes vagues, mille folles espérances, mille projets mal digérés, nous agitent dans des momens de crainte et de danger ; mais, si nous les arrêtons au passage, si nous les fixons sur le papier, si par ce simple mécanisme, nous contraignons notre esprit à les étudier avec une attention plus minutieuse, nous pouvons éviter d'être dupes de notre imagination exaltée ; de même qu'on guérit un jeune cheval peureux en le forçant à s'arrêter et à contempler quelque temps l'objet qui l'effraie.

Il ne reste donc qu'un risque, celui de la découverte. Mais mon journal occupe peu de place, grace à l'écriture menue et serrée à laquelle je me suis habitué chez M. Fairford, pour faire tenir je ne sais combien de rôles de procédure sur une seule feuille de papier timbré. D'ailleurs j'ai déjà fait ailleurs la réflexion consolante que si la relation de mes infortunes tombait entre les mains de celui qui les cause, elle lui ferait connaître le caractère et les dispositions véritables de celui qui est devenu sa victime, et ne pourrait nuire à personne. Mais à présent que d'autres noms, d'autres individus, vont paraître dans ce que j'écris, et se mêler à l'expression de mes propres sentimens, il faut que je prenne un soin tout particulier de ce que je vais écrire, et que je place mon journal de manière à pouvoir le détruire en un instant, au premier risque. Il sera difficile que j'oublie d'ici à long-temps la leçon que m'a donnée à Brokenburn la curiosité impertinente de Cristal Nixon, l'agent et le confédéré de cet homme, celui qui fut la cause et l'origine de toutes mes souffrances.

Ce qui me fit quitter si brusquement la dernière feuille de mon journal, fut le son peu ordinaire d'un violon que j'entendis dans la cour, précisément sous ma fenêtre. Ceux qui ont fait une étude particulière de la musique ne seront pas étonnés que je n'aie eu besoin que d'entendre quelques notes pour être certain que le musicien n'était autre que l'aveugle dont j'ai déjà parlé, et qui était présent à la destruction des filets de Josué Geddes. La force, la délicatesse, et, en un mot, la supériorité de son coup d'archet me le feraient reconnaître au milieu d'un orchestre. Je pouvais d'autant moins en douter qu'il joua deux fois de suite le charmant air écossais connu sous le nom de *Willie-le-Vagabond* (1), et je ne pus m'empêcher de supposer qu'il le faisait pour annoncer sa présence, puisque le nom de cet air était précisément ce que les Français appellent le *nom de guerre* du musicien.

L'espérance s'attache au plus mince fêtu dans la dernière extrémité. Je savais que cet homme, quoique privé de la vue, était hardi, ingénieux, et très-capable de servir de guide. Je pensai que la folie que j'avais faite en jouant une fois le rôle de son compagnon m'avait valu ses bonnes graces, et je me souvins que les hommes qui ont embrassé comme lui une vie errante n'en regardent que comme plus sacrés les liens qui les unissent à leurs compagnons ; n'y a-t-il pas un certain honneur parmi les brigands, du zèle et de la bonne foi parmi ceux que la loi désigne comme vagabonds? L'histoire de Richard Cœur-de-Lion et de son ménestrel Blondel se présenta en même temps à mon souvenir, quoique je ne pusse m'empêcher de sourire en songeant à la comparaison de ces deux illustres personnages avec Darsie Latimer et un pauvre musicien ambulant. Cependant je trouvais en tout cela quelque chose qui éveillait en moi l'espoir que si je pouvais avoir une correspondance

---

(1) On trouve les paroles de cet air dans le recueil des *OEuvres de Burns*, édit. de Currie. Sir Walter Scott a lui-même composé une complainte touchante avec ce titre *sur l'Absence de Willie* (diminutif de William). Voyez les *Mélanges poétiques*. — Éd.

avec ce joueur de violon aveugle, il pourrait me devenir utile pour me tirer de ma situation actuelle.

Je pensai que sa profession pourrait me donner quelque moyen de communiquer avec lui ; car on sait qu'en Écosse, où il se trouve tant d'airs nationaux dont les paroles sont généralement connues, il existe entre les musiciens une espèce de franc-maçonnerie qui fait que le choix d'un air leur suffit pour faire entendre ce que bon leur semble à ceux qui les écoutent. On s'adresse ainsi quelquefois des allusions personnelles d'une manière aussi piquante que plaisante ; et c'est une habitude presque constante, dans les festins publics, que l'air qu'on joue pour accompagner une santé ou un toast soit destiné à exprimer un compliment, un trait d'esprit, et quelquefois même une satire.

Tandis que ces idées se succédaient rapidement dans ma tête, j'entendis mon vieil ami recommencer pour la troisième fois l'air d'après lequel on lui a sans doute donné le nom qu'il porte ; mais, pour cette fois, il fut interrompu par ses auditeurs rustiques.

— Si vous ne pouvez jouer d'autre air que celui-là, vous ferez aussi bien de plier bagage et de vous en aller ; tout aussi bien le Squire ou Cristal Nixon ne tarderont pas à revenir, et vous verrez alors qui paiera le violon.

— Ho ! ho ! pensai-je, si je n'ai pas d'oreilles plus fines à craindre que celles de mes bons amis John et Dorcas, rien ne m'empêche de faire une épreuve. Et pour exprimer l'idée de la captivité à laquelle j'étais réduit, je fredonnai l'air touchant qu'on a fait sur le psaume 137e :

Assis sur le rivage, auprès de Babylone,
Nos pleurs coulaient en pensant à Sion.

On sembla m'écouter avec attention, et quand je me tus, j'entendis qu'on disait à demi-voix, d'un ton de commisération : — Hélas! pauvre jeune homme! faut-il qu'un si beau garçon ait perdu l'esprit!

— Si cela est, dit Willie en élevant la voix de manière à être sûr que je pusse l'entendre, il n'y a rien de tel qu'un air de violon pour le lui faire retrouver; et sur-le-champ il joua avec autant de vigueur que de vivacité un air écossais dont je me rappelai à l'instant les paroles.

> Oui! sifflez, sifflez, mon garçon,
> Vous me verrez accourir à votre aide.
> Oui! sifflez, sifflez, mon garçon,
> Dût votre père en perdre la raison,
> A vos maux j'apporte remède

J'entendis dans la cour un bruit de sabot, chaussure ordinaire des paysans du Cumberland, qui me fit juger que John et Dorcas dansaient une gigue au son de la musique. Couvert par ce bruit, je sifflai hardiment l'air :

> Venez à moi,
> Secourez-moi,
> Quand tout le monde m'abandonne.

Willie mit brusquement les danseurs hors de mesure, en changeant d'air, pour jouer tout à coup :

> Je ne vous tromperai jamais,
> Recevez-en ma main pour gage.

Je ne doutai plus qu'une communication ne fût heureusement établie entre nous, et que, s'il m'était possible de parler au pauvre musicien, je ne le trouvasse disposé à mettre ma lettre à la poste; à invoquer pour moi l'assistance de quelque magistrat actif, ou de l'officier chargé du commandement du château de Carlisle; enfin à prendre toutes les mesures que je pourrais lui indiquer pour contribuer à ma délivrance. Mais, pour lui parler, il fallait courir le risque d'alarmer les soupçons de Dorcas, ou ceux de son Corydon, encore plus stupide. Étant aveugle, le vieillard ne pouvait recevoir les communications par signes que j'aurais pu lui faire de la fenêtre, si la prudence me l'avait permis. Je vis donc que, quoique le mode que nous avions adopté pour nous faire comprendre l'un de l'autre n'allât pas au but très-directement, et pût donner lieu à de fausses interprétations, je n'avais rien de mieux à faire que de continuer à l'employer, me fiant à l'intelligence du musicien pour attacher à mes airs le sens que j'avais dessein de leur donner. Je pensai un moment à chanter les paroles, mais je réfléchis que ce serait le moyen de faire naître des soupçons. Je cherchai donc à lui faire comprendre mon très-prochain changement de résidence, en sifflant l'air bien connu par lequel se terminent ordinairement en Écosse toutes les parties de danse.

> Bonsoir toute la compagnie,
> Divertissez vous bien sans moi;
> Je monte sur mon palefroi,
> Pour chercher une autre patrie;
> Mes amis et mes ennemis
> Voudraient me voir bien loin de ce pays.

Il me parut que l'intelligence de Willie était encore plus active que la mienne.

J'avais vu un exemple de ce genre dans un sourd, qui était habitué qu'on lui parlât par signes. Willie comprenait tout ce que je voulais lui faire entendre, par la signification des notes de musique, car il m'accompagna sur-le-champ sur son violon, de manière à empêcher qu'on ne fît attention à l'air que je sifflais.

Il me répondit immédiatement par un air martial dont je connaissais parfaitement les paroles :

> Enfoncez sur vos fronts vos casques redoutables,
>   Passez la frontière avec moi ;
> Et que ces ennemis, se disant formidables,
>   Apprennent à pâlir d'effroi.

Si ces sons font allusion, comme je l'espère, à mes amis d'Écosse qui se disposent à venir à mon secours, je puis croire qu'il y a encore pour moi une porte ouverte à l'espoir et à la liberté. Je répondis sur-le-champ par l'air qui a été fait sur ces paroles :

>   Mon cœur n'est point ici,
>   Il est sur les montagnes,
>   Chassant dans nos campagnes,
>   Libre de tout souci.
> Mais quoique loin de toi, berceau de ma jeunesse,
> Pays de la bravoure, asile des vertus,
>   Si je ne te vois plus,
>   Je t'aimerai sans cesse.

Willie joua sur-le-champ avec un degré d'énergie qui aurait séduit le désespoir lui-même, si l'on pouvait supposer que le désespoir connût la musique écossaise, l'ancien air jacobite :

>   Ce n'est rien, ce n'est rien,
>   Ne désespérons de rien.

Je cherchai alors à lui exprimer le désir que j'avais d'informer mes amis de ma situation, et désespérant de trouver un air assez expressif pour lui faire comprendre ce que je désirais, je me hasardai à chanter les quatre vers suivans, dont l'idée se trouve dans plusieurs vieilles ballades :

> Où trouverai-je un messager
> Qui, par espoir de récompense,
> De mes amis, dans ce danger,
> Aille réclamer l'assistance ?

Il couvrit les deux deux derniers vers, en jouant avec beaucoup d'emphase l'air :

> Le bon Robin est mon ami.

Mais, quoique je connaisse parfaitement les paroles de cette chanson, je n'y pus rien trouver que je pusse m'appliquer; et avant que j'eusse imaginé un moyen de lui demander une explication, j'entendis crier que Cristal Nixon arrivait. Mon fidèle Willie fut donc obligé de se retirer; mais il partit moitié en jouant, moitié en chantant :

> T'abandonner! mon enfant;
> Avant que je t'abandonne,
> Les astres du firmament
> Auront perdu leur couronne.

Me voilà donc, à ce que je crois, sûr d'un partisan fidèle dans mon infortune; et, quelque bizarre qu'il puisse être de compter beaucoup sur un homme, vagabond de profession, et, qui plus est, privé de la vue, l'idée que ses services peuvent m'être utiles et même nécessaires est profondément gravée dans mon esprit.

Mais j'ai aussi quelque espoir de secours d'un autre

côté, Alan, et j'y ai fait allusion dans plus d'un passage de mon journal. Deux fois j'ai vu, presque au point du jour, la personne dont je parle traverser la cour de la ferme, et chaque fois, en réponse aux gestes par lesquels je tâchais de lui faire comprendre ma situation, elle m'a fait quelques signes qui prouvaient qu'elle me reconnaissait, mais en appuyant un doigt sur ses lèvres pour me recommander le silence et la discrétion.

La manière dont la M. V. est entrée en scène pour la première fois semble m'assurer de sa bonne volonté, autant que son pouvoir peut s'étendre; et j'ai tout lieu de croire qu'il ne laisse pas d'être considérable. Cependant elle semblait pressée et effrayée pendant le peu d'instans que duraient nos entrevues, et je crois que, la dernière fois, l'arrivée de quelqu'un dans la cour l'en fit sortir précipitamment, au moment où elle paraissait sur le point de me parler. Vous n'avez pas besoin de me demander si je me lève de bonne heure, puisque ce n'est qu'alors que je puis jouir de pareils instans de bonheur. Et quoique je ne l'aie pas revue depuis ce temps, j'ai de bonnes raisons pour croire qu'elle n'est pas loin.

Il n'y a que trois jours que, fatigué de la vie uniforme que je mène pendant ma détention, j'avais montré plus d'accablement que de coutume, ce qui peut avoir excité l'attention des domestiques qui en auront probablement parlé. Le lendemain je trouvai les vers suivans sur ma table; mais comment y étaient-ils venus? c'est ce que je ne saurais dire. L'écriture en était de la plus grande régularité.

Comme de l'ouvrier on retient le salaire,
Le destin peut payer nos travaux par l'espoir.

Cette dette, il est vrai, peut rester en arrière ;
Mais elle est reconnue, et doit toujours valoir.
Ainsi donc, malheureux, conserve bien ce gage ;
　　Le titre en est toujours réel :
C'est se trahir que de perdre courage ;
　　C'est aussi blasphémer le ciel.

Il m'est impossible de douter que ces vers n'aient été écrits dans l'intention amicale et plus qu'amicale de m'armer d'une nouvelle force pour soutenir l'adversité; et j'espère prouver, par la manière dont je me conduirai, que je ne suis pas incapable de cet effort.

L'habillement de voyage que me destine mon soi-disant tuteur est enfin arrivé. En quoi croyez-vous qu'il consiste? en une robe semblable à celles que portent les dames de province de moyen rang pour monter à cheval, avec un masque tel que ceux dont elles font usage pour garantir leurs yeux et leur teint du soleil et de la poussière, et quelquefois aussi, à ce qu'on soupçonne, pour pouvoir se donner de petits air de coquetterie. Je ne crois pourtant pas qu'on m'accorde cette permission; car ce masque, au lieu d'être de carton couvert en velours noir, est doublé en acier, comme le heaume de Don Quichotte, ce qui sert à le rendre plus solide.

Cet appareil, garni d'une agrafe en acier pour l'attacher derrière la tête avec un cadenas, me rappela péniblement le souvenir de cet être infortuné qui, forcé d'en porter toujours un semblable, est bien connu dans l'histoire sous le nom de l'*Homme au masque de fer*. J'ai hésité un moment si je me soumettrais aux actes d'oppression dont je suis l'objet, au point de prendre un déguisement qui n'est destiné qu'à faciliter les desseins de mes tyrans. Mais je me suis rappelé la menace de M. Herries de m'emprisonner dans une voiture, à moins que je ne prisse le costume qu'il me destinait, et je crois que j'achèterais encore à bon marché le peu d'aisance et de liberté dont je pourrai jouir en portant un masque et une robe de femme. Il faut donc que je m'arrête ici quant à présent, et que j'attende ce que le matin amènera de nouveau.

Pour continuer notre histoire d'après les pièces authentiques que nous avons sous les yeux, nous croyons devoir interrompre ici le journal du prisonnier Darsie Latimer, pour suivre les démarches d'Alan Fairford à la recherche de son ami, ce qui forme une nouvelle série dans notre relation.

CHAPITRE X.

NARRATION.

Le lecteur doit maintenant s'être fait une idée du caractère d'Alan Fairford. L'étude des lois et celle du monde n'avait pu refroidir la chaleur naturelle de son cœur, et avait beaucoup ajouté à sa pénétration et à ses talens. Privé de l'avantage personnel dont jouissaient un grand nombre de ses confrères qui prenaient la robe sous les auspices de leur famille et de leurs alliances aristocratiques, il vit de bonne heure qu'il aurait à se frayer lui-même un chemin qui semblait leur être ouvert par droit de naissance. Il se livra, dans le silence et la solitude, à de pénibles travaux qui furent couronnés de succès. Mais Alan aimait son ami Darsie encore plus que sa profession, et nous avons vu qu'il abandonna tout dès l'instant qu'il le crut en danger, oubliant le soin de sa réputation et de sa fortune, et s'exposant même au mécontentement sérieux de son père, pour voler au secours de celui qu'il chérissait avec toute l'affection d'un frère aîné.

Quoique Darsie eût des talens plus brillans que les siens, il semblait toujours le regarder comme un être qui exigeait ses soins particuliers, et qui avait droit à sa protection amicale, toutes les fois qu'il manquait de l'expérience nécessaire pour se conduire. En ce moment où le sort de cet ami paraissait plus que douteux, il croyait devoir déployer pour lui toute sa prudence et toute son énergie. Une mission qui aurait paru périlleuse à bien des jeunes gens de son âge ne lui inspirait aucun effroi. Il connaissait parfaitement les lois de son pays, il savait comment y avoir recours; et indépendamment de la confiance que lui donnait sa profession, son caractère était naturellement ferme, tranquille et intrépide. Ce fut avec de telles armes qu'il se mit à la recherche de son ami, ce qui, à cette époque, n'était pas sans danger véritable, et aurait eu de quoi effrayer un jeune homme plus timide.

Ce fut chez le premier magistrat de Dumfries, chez le prévôt Crosbie, qui avait donné la première nouvelle de la disparition de Darsie Latimer, qu'Alan se présenta d'abord pour obtenir quelques renseignemens sur son ami. Mais dès qu'il eut entamé ce sujet, il crut distinguer dans l'honnête dignitaire une sorte de désir de l'écarter de la conversation. Il parla du tumulte qui avait eu lieu sur le Solway comme d'une querelle survenue entre des vauriens de pêcheurs. Cela regarde le sheriff, ajouta-t-il, beaucoup plus que nous autres, pauvres membres du conseil, qui avons bien assez de besogne pour maintenir la paix dans notre ville, avec des habitans comme ceux qu'elle a le malheur de contenir.

— Mais ce n'est pas tout, prévôt Crosbie: un jeune

homme ayant de la fortune et un rang dans le monde a disparu dans cette émeute. Vous le connaissez; mon père lui avait donné une lettre pour vous; c'est M. Darsie Latimer.

— Hélas oui! hélas oui! M. Darsie Latimer; il a dîné chez moi, j'espère qu'il se porte bien.

— Je l'espère aussi, dit Alan avec un peu d'indignation, mais je voudrais en être plus certain. C'est vous-même qui avez appris à mon père sa disparition.

— Sans doute, oui, cela est vrai. Mais n'est-il pas retourné chez ses amis d'Édimbourg? Il n'était pas naturel de penser qu'il restât ici.

— Non, à moins qu'il n'y soit contraint, répondit Fairford, surpris de la froideur avec laquelle le prévôt semblait parler de cette affaire.

— Eh bien, monsieur, comptez que, s'il n'est pas retourné chez ses amis d'Écosse, il est allé joindre ses amis d'Angleterre.

— Je ne me paierai pas en pareille monnaie, prévôt; et, s'il existe en Écosse des lois et de la justice, je verrai le fond de cette affaire.

— Rien de plus raisonnable, autant que cela est possible; mais vous savez que mon autorité ne s'étend pas au-delà des portes de la ville.

— Mais vous êtes un des juges de paix du comté, M. Crosbie.

— C'est vrai, c'est vrai, répondit le prudent magistrat; c'est-à-dire je ne nie pas que mon nom ne soit sur la liste, mais je ne puis me rappeler que j'aie jamais prêté serment en cette qualité.

— En ce cas, M. Crosbie, des gens malintentionnés

pourraient douter de votre attachement pour la Succession Protestante.

— A Dieu ne plaise! M. Fairford, après tout ce que j'ai fait et souffert en 1745! Je compte que les montagnards m'ont fait tort de plus de cent livres d'Écosse, par tout ce qu'ils ont bu et mangé chez moi. Non, non, monsieur, je suis au-dessus du soupçon. Mais me tourmenter des affaires du comté! ma foi, c'est à ceux à qui la jument appartient à la ferrer. Les commissaires du comté me verraient courbé sous le faix avant de songer à m'aider dans les affaires de la ville, et tout le monde sait quelle énorme différence il y a entre les affaires de la ville et celles du dehors. Que m'importe les tumultes? n'en avons-nous pas assez ici? Allons, il faut que je m'apprête à me rendre au conseil, car il s'assemble ce matin. Je suis charmé de voir le fils de votre père dans notre ancienne ville, M. Alan Fairford; si vous aviez quelques années de plus nous vous accorderions le droit de bourgeoisie. J'espère que vous viendrez dîner avec moi avant de partir. Voulez-vous venir manger des œufs frais et un poulet rôti, aujourd'hui à deux heures? qu'en dites-vous?

Cette offre hospitalière semblait destinée à mettre un terme aux questions d'Alan Fairford, mais Alan résolut qu'il n'en serait rien.

— Il faut que je vous arrête un moment, M. Crosbie, lui dit-il; l'affaire dont il s'agit est très-sérieuse. Un jeune homme donnant les plus hautes espérances, mon meilleur ami, vient de disparaître. Vous ne pouvez croire qu'on passe légèrement sur une pareille affaire; et si un homme qui jouit de votre réputation, et dont le zèle pour le gouvernement est connu, ne faisait pas sur cet événement des enquêtes très-actives; vous êtes ami de mon père, M. Crosbie, et en cette qualité je vous respecte; mais aux yeux des autres, cela aurait une fort mauvaise apparence.

Le prévôt fit la grimace, et il se promena dans la chambre d'un air de tribulation, tout en disant: — Mais que puis-je faire, M. Fairford? Je vous réponds que votre ami est sur ses jambes; il vous reviendra comme un mauvais shilling. Ce n'est pas une marchandise qui se perde. — Mais aussi c'est un écervelé courant les champs avec un musicien aveugle, et qui va jouer du violon dans un rassemblement de vagabonds! Qui peut dire où un pareil étourdi est allé courir?

— J'ai appris du clerc du sheriff que quelques-uns de ces tapageurs ont été arrêtés, et mis en prison dans cette ville. Il faut que vous les fassiez venir devant vous et qu'ils déclarent ce qu'ils savent de M. Darsie Latimer.

— Oui, oui, le sheriff a envoyé en prison quelques pauvres diables, des ignorans, de misérables pêcheurs, à ce que je crois, qui avaient eu une querelle avec le quaker Geddes à cause de ses filets à pieux. Soit dit avec la permission de votre robe, M. Alan, cesdits filets ne sont pas tout-à-fait des filets autorisés par les lois, et le clerc de la ville pense qu'on pouvait légalement s'en débarrasser *viâ facti*, cela soit dit en passant. Mais ces pauvres gens ont été renvoyés faute de preuves: le quaker Geddes n'ayant pas voulu prêter serment contre eux, il a bien fallu que le sheriff et moi nous les fissions remettre en liberté. Allons, M. Alan, tranquillisez-vous, et faites une promenade jusqu'à l'heure du dîner. Il faut réellement que j'aille au conseil.

— Encore un moment, prévôt ; je porte une plainte devant vous, en votre qualité de magistrat, et si vous négligez d'y donner suite, vous verrez que l'affaire deviendra sérieuse. Il faut que vous fassiez arrêter de nouveau ces individus.

— Oui, oui ; cela est facile à dire, mais les attrapera qui pourra. Soyez sûr qu'ils ont déjà passé la frontière ou doublé la pointe de Cairn. Dieu me pardonne, c'est une espèce de diables amphibies, des animaux qui ne sont ni marins ni terrestres, ni Anglais ni Écossais, qui ne connaissent ni prévôts ni maires, qui glissent entre les doigts comme du vif argent. Autant vaudrait essayer de faire sortir du Solway un veau marin en sifflant.

— Tout cela ne me suffira pas, M. Crosbie ; il y a un homme beaucoup plus important que les misérables dont vous me parlez, qui se trouve compromis dans cette malheureuse affaire. Je vois qu'il faut que je vous nomme un certain M. Herries.

Alan fixa les yeux sur le prévôt en prononçant ce nom, qu'il avait pourtant cité au hasard, et plutôt à cause de la relation que M. Herries et sa nièce véritable ou supposée paraissaient avoir avec le destin de Darsie Latimer, que par suite d'un soupçon bien prononcé contre lui. Il crut remarquer en M. Crosbie quelque embarras, quoiqu'il cherchât à prendre un air d'indifférence, à quoi il ne réussit qu'à moitié.

— Herries, dit-il, quel Herries ? Il y a plusieurs familles de ce nom. Pas tout-à-fait autant qu'autrefois, car les vieux troncs commencent à s'user ; mais il y a encore les Herries d'Heathgill, les Herries d'Auchintulloch, les Herries...

— Pour vous éviter la peine d'en nommer un plus

grand nombre, je vous dirai que celui dont je vous parle est M. Herries de Birrenswork.

— De Birrenswork! oh! j'y suis maintenant, M. Alan. Ne pouviez-vous tout aussi bien me dire que vous parliez du laird de Redgauntlet?

Fairford était trop prudent pour montrer quelque surprise en entendant ces deux noms s'appliquer au même individu, quoiqu'il fût loin de s'y attendre.

— Je pensais, dit-il, qu'il était plus généralement connu sous le nom d'Herries. Je suis sûr de l'avoir vu et d'avoir été en compagnie avec lui, et on le nommait ainsi.

— Oh! oui; à Édimbourg, sans doute. Vous savez que Redgauntlet a eu bien des malheurs à une certaine époque. Ce n'est pas qu'il en ait fait plus que tant d'autres, mais il ne s'en est pas tiré aussi aisément.

— Il a été proscrit, à ce que je puis savoir, et n'a pas obtenu de lettres de grace.

Le prévôt circonspect ne fit que hocher la tête en signe d'affirmation, et dit : — Vous pouvez donc voir pourquoi il convient qu'il prenne le nom de sa mère, quand il va à Édimbourg. Porter le sien, ce serait en quelque sorte donner un soufflet au gouvernement; vous comprenez. Mais il y a long-temps qu'on ferme les yeux pour ne pas le voir. Son histoire est une vieille histoire, il a d'excellentes qualités; il est d'une famille aussi ancienne qu'honorable, il a des parens parmi les puissances; il est cousin de l'avocat général et du sheriff. Les faucons n'arrachent pas les yeux aux faucons, vous le savez, M. Alan. Oui, oui, il a une parenté fort étendue. *Ma femme* est cousine au quatrième degré de Redgauntlet.

— *Hinc illæ lacrymæ* (1)*!* pensa Alan Fairford ; mais ce qu'il venait d'entendre le détermina à employer les voies de douceur, et à s'avancer avec précaution.

— Je vous prie de croire, dit-il, que, dans l'enquête que je veux faire, je n'ai aucune mauvaise intention à l'égard de M. Herries, ou Redgauntlet, donnez-lui le nom qu'il vous plaira ; tout ce que je désire, c'est d'être certain que mon ami est en sûreté. Je sais qu'il a fait une folie en allant déguisé dans le voisinage de M. Herries : dans les circonstances où celui-ci se trouve, il peut avoir mal interprété les motifs de Darsie Latimer, et l'avoir regardé comme un espion. Il a beaucoup d'influence, à ce que je crois, sur les misérables dont vous me parliez tout à l'heure.

Le prévôt répondit par un autre signe de tête plein de sagacité, qui aurait fait honneur à lord Burleigh (1) dans *le Critique*.

— N'est-il donc pas possible, ajouta Alan, qu'agissant d'après la fausse idée que M. Latimer était un espion qui cherchait à découvrir sa retraite, il l'ait fait enlever, et qu'il le tienne quelque part en captivité ? On voit de pareilles choses dans les élections, et dans des occasions moins pressantes que lorsqu'un homme peut croire sa vie en danger.

— M. Fairford, dit le prévôt d'un air fort sérieux, j'ai peine à croire à une telle méprise ; ou si, par un hasard extraordinaire, elle pouvait avoir eu lieu, Red-

---

(1) Et voilà la source de nos larmes ;
C'est-à-dire le motif *de nos réticences*. — Tr.

(2) Personnage de la pièce dont Shéridan fait donner la répétition dans sa comédie du *Critique,* imitée de *la Répétition* (*the Rehearsal*), du duc de Buckingham. — Éd.

gauntlet, que je dois bien connaître, puisque, comme je vous l'ai dit, il est cousin, cousin de ma femme au quatrième degré; Redgauntlet est tout-à-fait incapable de faire aucun mal au jeune homme. Il peut l'envoyer passer une nuit ou deux à Ailsay, le débarquer sur la côte septentrionale d'Irlande, le faire conduire à Islay ou dans quelque autre île des Hébrides; mais soyez sûr qu'il ne voudrait pas lui arracher un cheveu de la tête.

— Je ne me fierai point à tout cela, prévôt, c'est une chose résolue; et je suis fort surpris de vous entendre parler si légèrement d'un attentat commis contre la liberté d'un sujet de Sa Majesté. Réfléchissez, et il serait bon que tous les amis de M. Herries, ou Redgauntlet, y songeassent aussi, à ce que pensera le secrétaire d'état du gouvernement anglais, quand il apprendra qu'un homme proscrit pour crime de haute trahison, car telle est sa situation, non-seulement ose résider dans un royaume contre le souverain duquel il a porté les armes, mais est soupçonné d'avoir employé la violence et la force ouverte contre la personne d'un des sujets du roi, contre un jeune homme qui ne manque ni d'amis ni de moyens pour obtenir justice.

Le prévôt regarda le jeune avocat d'un air qui annonçait un mélange de méfiance, d'alarme et de mécontentement. — C'est une fâcheuse affaire, dit-il enfin; une fâcheuse affaire; et vous aurez tort si vous vous en mêlez. Je serais fâché de voir le fils de votre père jouer le rôle de délateur contre un homme comme il faut qui se trouve dans l'infortune.

— Je n'en ai nul dessein, M. Crosbie, pourvu que cet homme comme il faut dans l'infortune et ses amis me fournissent paisiblement les moyens de mettre mon ami en sûreté. Si je pouvais voir M. Redgauntlet et entendre les explications qu'il me donnerait, je serais probablement satisfait; si je suis forcé de le dénoncer au gouvernement, ce sera comme suspect d'avoir fait disparaître un sujet de Sa Majesté. Si, par suite de cette dénonciation, on reconnaît en lui un homme coupable de haute trahison, et excepté du pardon général qui a été accordé, ce ne sera pas ma faute, et je ne saurais qu'y faire.

— M. Fairford, voudriez-vous causer la perte d'un homme malheureux, d'un innocent, sur un simple soupçon?

— N'en parlons plus, M. Crosbie; ma conduite dans cette affaire est irrévocablement fixée.

— Eh bien, monsieur, puisque telle est votre résolution, et que vous m'assurez que vous ne voulez aucun mal à Redgauntlet personnellement, j'inviterai à dîner aujourd'hui avec nous quelqu'un qui connaît ses affaires aussi bien que personne. Il est bon que vous sachiez, M. Alan Fairford, que, quoique Redgauntlet soit proche parent de ma femme, et que sans contredit je lui veuille du bien, ce n'est pas à moi qu'il confierait tout ce qu'il fait en-deçà et au-delà des frontières. Je ne suis pas homme à cela; je suis bon protestant, et je déteste le papisme. Je me suis déclaré pour la maison d'Hanovre, pour la liberté et la propriété. J'ai porté les armes contre le Prétendant, monsieur, quand trois chariots de bagages des montagnards furent arrêtés à Ecclefechan; et j'ai fait une perte de cent livres...

— D'Écosse? vous oubliez que vous me l'avez déjà dit.

— D'Écosse ou d'Angleterre (1), c'était plus que je n'avais le moyen de perdre; de sorte que vous voyez que je ne suis pas homme à aller de pair à compagnon avec des jacobites et des hommes aussi peu sûrs d'un moment de tranquillité que ce pauvre Redgauntlet.

— D'accord, M. Crosbie, d'accord; mais que s'ensuit-il?

— Il s'ensuit que, si je vous aide dans votre embarras, ce ne peut être par mes connaissances personnelles, mais en employant un agent convenable, une tierce personne.

— Encore d'accord; mais quelle sera cette tierce personne?

— Qui pourrait-ce être, sinon Maxwell de Summertrees, celui qu'on a surnommé Tête-en-Péril?

— Un homme de 1745, sans doute?

— Vous pouvez en être bien sûr; un jacobite aussi noir que le vieux levain a pu le rendre; mais un bon vivant, un joyeux compagnon, de sorte que personne de nous ne veut rompre avec lui, malgré ses bavardages et ses forfanteries. Il voudrait vous faire croire que, si l'on avait suivi ses avis à Derby, il aurait fait marcher Charles Stuart entre Wade et le Duc (1), aussi facilement qu'un fil passe par le trou d'une aiguille, et qu'il l'aurait fait asseoir dans le palais de Saint-James avant que vous eussiez eu le temps de dire garde à vous! Mais, quoiqu'il soit un peu vaniteux quand il raconte ses vieilles histoires de guerre, il a plus de bon

---

(1) La livre d'Écosse ne vaut guère que le vingtième de celle d'Angleterre. — Éd.

(2) Entre le maréchal Wade et le duc de Cumberland. — Éd.

sens que bien des gens... Il se connaît en affaires, M. Alan, car il avait été élevé pour le barreau; mais il n'a jamais pris la robe, à cause du serment qu'il aurait fallu prêter; motif qui retenait autrefois plus de monde qu'aujourd'hui, ce qui n'en est que plus fâcheux.

— Fâcheux! prévôt; vous plaignez-vous de voir diminuer l'influence du jacobitisme?

— Non, non; je regrette seulement qu'on n'ait plus la conscience aussi scrupuleuse qu'autrefois. J'ai un fils que je destine au barreau, M. Fairford; et sans doute, vu mes services et mes souffrances, je puis m'attendre à obtenir pour lui quelque joli poste. Mais si les grandes familles arrivent, je veux dire les Maxwell, les Johnstone et les autres grands lairds, en un mot ceux que la nécessité de prêter serment avait tenus à l'écart jusqu'à présent, les petites gens comme mon fils, et peut-être le fils de votre père, M. Alan, pourront bien rester à l'ombre.

— Mais, pour en revenir à ce qui nous occupe, M. Crosbie, croyez-vous véritablement que ce M. Maxwell pourra m'être utile dans cette affaire?

— Rien n'est plus probable, M. Fairford, car c'est la trompette de tout le bataillon; et quoique Redgauntlet ne se gêne pas pour le traiter de fou quelquefois, cependant il écoute ses conseils plus volontiers que ceux de qui que ce soit que je connaisse. S'il peut l'amener à un entretien, l'affaire est faite. C'est un gaillard avisé que Tête-en-Péril.

— Tête-en-Péril! c'est un nom bien singulier!

— Et la manière dont il l'a gagné n'est pas moins étrange. Mais je ne vous en dirai rien, pour ne pas aller sur ses brisées; car vous pouvez être sûr qu'il vous racontera l'histoire au moins une fois, avant que le bowl de punch ait fait place à la théière. Et maintenant adieu, car j'entends sonner tout de bon la cloche qui appelle le conseil, et si je n'étais pas à l'ouverture de la séance, le bailli Laurie essaierait de me jouer quelqu'un de ses tours.

Le prévôt ayant répété à M. Fairford qu'il l'attendait à une heure, parvint enfin à se débarraser du jeune avocat, qui resta seul, ne sachant trop ce qu'il avait à faire. Il paraissait que le sheriff était retourné à Édimbourg, et il craignait que la répugnance visible qu'avait le prévôt à se mêler des affaires de ce laird de Birrenswork, ou de Redgauntlet, ou n'importe quel fût son nom, ne fût encore plus forte parmi les gentilshommes de la province, dont les uns étaient catholiques et jacobites, et dont les autres ne se soucieraient pas de se faire une querelle avec leurs parens et leurs amis en poursuivant avec rigueur des délits politiques que le temps avait presque couverts de prescription.

N'ayant que le choix des difficultés, il lui parut que la marche la plus sage était de recueillir tous les renseignemens qu'il pourrait se procurer, et de ne s'adresser aux autorités supérieures que lorsqu'il pourrait leur communiquer les éclaircissemens dont l'affaire était susceptible. Il pensa à se rendre à Brokenburn, mais quelques officiers de justice auxquels il s'adressa l'assurèrent que cette démarche l'exposerait à des dangers personnels et serait complètement inutile, attendu que le principaux instigateurs des désordres qui avaient eu lieu sur le Solway étaient depuis long-temps en sûreté dans les secrets repaires qu'ils se ménageaient dans l'île de Man, dans le Cumberland et ailleurs; et que ceux qui pouvaient y rester se porteraient indubitablement à quelques voies de fait contre quiconque se présenterait à leur domicile pour y faire des enquêtes.

Une visite à Mont-Sharon, où il s'attendait à trouver les dernières nouvelles de son ami, ne pouvait donner lieu aux mêmes objections, et il avait le temps de s'y rendre avant l'heure où il devait retourner chez le prévôt pour y dîner. Chemin faisant, il se félicita d'avoir obtenu une information presque certaine sur un point. L'individu qui avait en quelque sorte forcé M. Alexandre Fairford à lui donner à dîner, et qui avait paru désiré engager Darsie Latimer à entrer en Angleterre; celui dont une personne liée avec sa famille et demeurant avec lui l'avait en quelque sorte averti de se méfier, se trouvait avoir pris quelque part aux actes de violence qui avaient précédé immédiatement la disparition de Darsie. Or, quelle pouvait être la cause de cet attentat contre la liberté d'un jeune homme aimable qui n'avait offensé personne? Il lui était impossible de supposer que Redgauntlet avait pris Darsie Latimer pour un espion, quoique ce fût l'explication qu'il avait lui-même donnée au prévôt; car il savait, en point de fait, que la jeune personne dont il avait reçu une visite si singulière l'avait averti lui-même que son ami était exposé à quelque danger, avant qu'on eût pu concevoir un tel soupçon; et les injonctions que Darsie Latimer avait reçues de son tuteur, ou de celui qui en remplissait les fonctions, M. Griffith de Londres, de ne pas entrer en Angleterre, lui annonçaient aussi des périls à craindre s'il y contrevenait. Du reste, il n'était pas fâché de n'avoir pas mis entièrement le prévôt dans sa confidence, car il lui était facile de voir que la parenté de la femme de M. Crosbie avec l'individu soupçonné n'aurait probablement que trop d'influence sur l'impartialité du magistrat.

Lorsqu'il arriva à Mont-Sharon, Rachel Geddes courut au-devant de lui, presque avant que le domestique eût le temps d'ouvrir la porte. Elle recula de surprise en voyant un étranger, et lui dit, pour excuser sa précipitation, qu'elle avait cru que c'était son frère Josué qui arrivait du Cumberland.

— M. Geddes n'est donc pas chez lui! dit Fairford, trompé à son tour dans ses espérances.

— Il est parti depuis hier, ami, répondit Rachel en reprenant l'air de quiétude qui caractérise sa secte; mais ses joues pâles et le bord rouge de ses paupières annonçaient qu'elle ne jouissait pas de la tranquillité qu'elle affectait.

— Je suis, dit Fairford à la hâte, l'ami particulier d'un jeune homme qui ne vous est pas inconnu, miss Geddes, de M. Darsie Latimer; et j'arrive ici dans la plus grande anxiété, ayant appris du prévôt Crosbie qu'il a disparu pendant la nuit où la pêcherie de M. Geddes a été attaquée par un rassemblement tumultueux.

— Je suis fâchée de vous entendre parler ainsi, ami, dit Rachel d'un ton plus affligé qu'auparavant, car quoique ce jeune homme fût semblable à ceux de la génération mondaine, qu'il se crût fort de sa propre sagesse, et qu'il cédât aisément au souffle de la vanité, cependant il avait gagné l'amitié de Josué, dont le cœur lui était attaché comme s'il eût été son propre fils. Et, lorsque mon frère se fut échappé des mains des enfans de Bélial, ce qui n'eut lieu que lorsqu'ils furent las de l'injurier, de l'accabler de reproches, et de l'assaillir de railleries grossières, il retourna près d'eux, leur offrit de l'argent pour la rançon de Darsie Latimer, leur promit de pardonner tout ce qui s'était passé; mais ils ne voulurent pas l'écouter. Il se rendit aussi devant le grand juge, que les hommes nomment sheriff, et il lui parla du péril que courait le jeune homme; mais le sheriff ne voulut pas l'écouter davantage, à moins qu'il ne prêtât serment de la vérité de ses paroles, ce qu'il ne pouvait faire sans pécher, vu qu'il est écrit : — Tu ne jureras point; — et ailleurs, — que nous devons nous borner à dire oui ou non. — Josué revint donc ici inconsolable, et il me dit : — Sœur Rachel, ce jeune homme s'est mis en danger à cause de moi, et assurément je ne serai pas sans reproche s'il perd un seul des cheveux de sa tête, car j'ai péché en lui permettant de m'accompagner quand il y avait un tel péril à craindre. En conséquence je prendrai mon cheval Salomon; je partirai promptement pour le Cumberland, et je me ferai des amis parmi les mammons de l'iniquité, les magistrats des gentils, et les puissans du monde; Darsie Latimer sera mis en liberté, dût-il m'en coûter la moitié de tout ce que je possède. — Sur quoi je lui dis : — Non, mon frère, n'y va pas, car tu ne feras que te mettre en butte à leurs insultes et à leurs railleries. Paie avec ton argent un de ces scribes qui ont l'ardeur de chasseurs poursuivant leur proie; son adresse tirera Darsie Latimer des mains des hommes de violence, et ton ame sera sans reproche à l'égard de ce jeune homme. Mais il me répondit : — Je ne serai pas contredit dans cette affaire. — Et il est parti, n'est pas revenu, et je crains qu'il ne revienne jamais; car, quoiqu'il soit pacifique comme doit l'être l'homme qui regarde toute violence comme une offense contre son ame, cependant, ni les flots de la mer, ni la crainte des embûches, ni le glaive de l'ennemi s'opposant à sa marche, ne le détourneront de son projet; c'est pourquoi le Solway peut l'engloutir, ou la fureur de ses ennemis le dévorer. Cependant je mets mon espérance dans celui qui gouverne toutes choses, et qui peut nous délivrer comme un oiseau du filet de l'oiseleur.

Ce fut tout ce que Fairford put apprendre de miss Geddes; mais il fut charmé de l'entendre ajouter ensuite que le bon quaker son frère avait dans le Cumberland un grand nombre d'amis parmi les personnes qui professaient la même croyance religieuse; et il espéra que, sans s'exposer à autant de dangers que sa sœur paraissait le craindre, Josué pourrait découvrir quelques traces de Darsie Latimer. Il retourna à Dumfries, après avoir laissé à miss Geddes son adresse en cette ville, et l'avoir vivement priée de lui faire part de tous les renseignemens que son frère aurait pu obtenir sur Latimer.

De retour à Dumfries, il employa le temps qui lui restait avant l'heure du dîner à écrire à M. Samuel Griffith par les mains duquel avaient passé toutes les remises d'argent qui avaient été faites jusqu'alors pour le service de son ami. Il l'informa de ce qui était arrivé à Darsie Latimer, et de l'incertitude où l'on était sur sa situation actuelle, le priant de lui révéler sur-le-champ les parties de l'histoire de son ami qui pouvaient le diriger dans les recherches qu'il allait faire sur toute la frontière, avec l'intention de n'y renoncer que lorsqu'il aurait acquis la certitude positive de la vie ou de la mort de Darsie.

Il se trouva plus à l'aise après avoir écrit cette lettre. Il ne pouvait concevoir pourquoi on voudrait attenter à la vie de son ami ; il savait que Darsie n'avait rien fait qui pût compromettre légalement sa liberté ; et quoique, même dans les dernières années, on eût rapporté d'étranges histoires d'hommes et même de femmes qu'on avait transportés dans les îles éloignées, et qu'on y avait secrètement retenus, dans des vues particulières, ces violences avaient été principalement exercées par le riche contre le pauvre, par le fort contre le faible. Dans le cas dont il s'agissait au contraire, ce M. Herries, ou Redgauntlet, ayant à craindre, pour plus d'une raison, la rigueur des lois, devait se trouver le plus faible s'il s'établissait une lutte à ce sujet. Il est vrai que ces craintes lui suggéraient tout bas que la cause même qui rendait cet oppresseur moins formidable, pouvait l'armer de toute la force du désespoir. Cependant, en se rappelant le langage et les manières de M. Herries de Birrenswork chez son père, il ne voyait rien en lui qui n'annonçât un homme bien né et bien élevé. Il en conclut donc que, quoique son orgueil aristocratique pût le porter à des actes de violence tels que les grands s'en permettaient autrefois, il était impossible qu'il voulût se souiller par un trait de scélératesse prémédité. Dans cette conviction, il rentra plus rassuré à Glascow.

CHAPITRE XI.

SUITE DE LA NARRATION.

Il y avait cinq minutes que l'horloge de la ville avait sonné deux heures quand Alan Fairford, qui avait fait un petit détour pour mettre sa lettre à la poste, arriva chez le prévôt Crosbie, et ce dignitaire citadin et le dignitaire campagnard qui avait été annoncé au jeune avocat, l'accueillirent comme des gens qui attendaient leur dîner avec impatience.

— Allons donc, M. Fairford, s'écria le prévôt; l'horloge d'Édimbourg retarde sur la nôtre.

— Arrivez, jeune homme, arrivez, dit M. Maxwell de Summertrees. Je me souviens parfaitement d'avoir vu votre père il y a trente ans. Eh bien, il paraît que vous dînez aussi tard à Édimbourg qu'à Londres, à quatre heures, n'est-ce pas?

— Nous n'en sommes pas encore tout-à-fait là, répondit Fairford; mais il est certain que bien des gens ont été assez malavisés pour remettre leur dîner à trois heures, afin d'avoir le temps de répondre à leurs correspondans de Londres.

— Leurs correspondans de Londres! répéta le laird de Summertrees, et pourquoi diable les habitans d'Édimbourg ont-ils besoin de correspondans à Londres?

— Il faut bien que les commerçans fassent des demandes de marchandises.

— Ne peuvent-ils acheter celles des manufactures de leur pays, et vider le gousset de leurs concitoyens d'une manière plus patriotique?

— Ensuite il faut que les dames aient les nouvelles modes.

— Que ne se mettent-elles leur plaid sur la tête, comme le faisaient leurs mères? Un mantelet de tartan et un nouveau bonnet de Paris, une fois par an, voilà tout ce qu'il faut pour une comtesse. Mais il ne vous en reste pas beaucoup à ce que je crois. Mareschal, Airley, Wemyss, Balmerino!... oui, oui, les paniers des comtesses et des dames de qualité n'occuperont pas beaucoup de place dans votre salle de bal.

— La foule n'y manque pourtant pas, monsieur. On parle de construire une nouvelle salle d'assemblée (1).

— Une nouvelle salle d'assemblée! vraiment! Je me souviens d'avoir caserné trois cents hommes dans celle que vous avez. Mais allons, allons, je ne vous ferai plus de questions, elles ne servent qu'à me faire perdre l'appétit, et voici mistress Crosbie qui vient nous avertir que le dîner nous attend.

(1) C'est ainsi qu'on appelle à Édimbourg les salons destinés aux bals de la ville. L'édifice nouveau est George-Street, et contient deux *assemblées*, c'est-à-dire deux salons principaux, l'un pour la danse, l'autre pour le jeu. — ÉD.

C'était la vérité. Mistress Crosbie n'avait pas encore paru; elle avait été, comme *Eve, occupée de soins hospitaliers* (1), soins dont elle ne se croyait dispensée ni par la dignité de son rang, ni par l'éclat de sa robe de soie de Bruxelles, ni même par ce dont elle était encore plus fière, la noblesse de sa naissance, car elle était née Maxwell, et, comme son mari en informait souvent ses amis, alliée à plusieurs des meilleures familles du comté. Elle avait été belle, c'était encore une femme de bonne mine pour son âge, et quoique la visite qu'elle venait de faire dans la cuisine lui eût donné des couleurs un peu vives, l'effet n'en était que celui qu'aurait produit une couche légère de rouge.

Le prévôt était certainement fier de son épouse; on prétendait même qu'il la craignait, car on disait de toutes les femmes de la famille de Redgauntlet que, n'importe quel fût leur mari, il était aussi sûr d'avoir une jument grise (2) dans son écurie, qu'on est certain de trouver un cheval blanc dans tous les tableaux de Wouvermans. On supposait aussi que la bonne dame avait importé ses opinions politiques avec elle dans la maison de M. Crosbie; et les ennemis que le prévôt avait dans le conseil de la ville avaient coutume de dire qu'il y prononçait hardiment des harangues contre le Prétendant, ou en faveur du roi George et de son gouvernement, dont il n'aurait osé répéter un seul mot dans

(1) . . . . *On hospitable cares intent.*
Allusion au passage de Milton quand Eve et Adam reçoivent la visite de l'ange. — Éd.

(2) Expression proverbiale pour signifier une femme maîtresse dans sa maison. On dit aussi : *jument grise, forte monture,* dans le même sens. — Éd.

sa chambre à coucher. Dans le fait, l'influence d'une femme qui le dominait le faisait agir ou l'empêchait d'agir, suivant les occasions, d'une manière qui ne s'accordait guère avec les protestations de zèle qu'il faisait généralement pour les principes de la révolution.

Si cela était vrai sous un certain rapport, il n'était pas moins sûr, d'une autre part, que mistress Crosbie, en tout ce qui était extérieur, semblait reconnaître l'autorité légale et la juste suprématie du chef de la famille; et si, dans le fond, elle avait peu de respect pour son mari, elle avait du moins grand soin de lui en témoigner. Cette dame, à taille majestueuse, reçut M. Maxwell, son cousin, comme on doit bien le penser, avec cordialité, et Fairford avec civilité; le prévôt se plaignant en même temps, d'un ton magistral, de ce que le dîner tardait bien à paraître, elle lui répondit, d'un air respectueux, qu'on était occupé à le servir. — Mais, mon cher prévôt, ajouta-t-elle, depuis que vous avez congédié le pauvre Pierre Mac Alpin, qui prenait soin de l'horloge de la ville, elle n'a pas été bien un seul jour.

— Ma chère, répondit le prévôt, Pierre Mac Alpin n'a pas été circonspect comme doit l'être tout homme en place; il se permettait de boire des santés et de proposer des toasts qu'il ne convient à personne de boire ni de proposer, surtout quand on est chargé de fonctions publiques. On assure qu'il a perdu la direction du carillon d'Édimbourg, pour avoir joué le 10 juin l'air: *Passons l'eau pour joindre Charlot* (1). C'est un mouton noir, et il ne mérite aucune compassion.

(1) *Charlie*, diminutif familier. — Éd.

— L'air n'est pas mauvais, après tout, dit Summertrees; et il s'approcha d'une fenêtre, moitié sifflant, moitié fredonnant l'air en question; mais il répéta le dernier couplet à haute voix.

> J'aime toujours mon cher Charlot,
> D'autres, je sais, ne l'aiment guère;
> Mais Satan s'en ira bientôt,
> Avec tous les Wighs, je l'espère!
>
> Partons, amis, et, s'il le faut,
> Nous passerons tous l'onde amère
> Pour aller joindre sa bannière,
> Et vivre ou mourir pour Charlot.

Mistress Crosbie sourit furtivement en regardant le laird, et en feignant un air de soumission, tandis que le prévôt fit un tour dans la chambre avec l'air d'importance et de dignité que donne une autorité incontestable.

—Eh bien! mon cher prévôt, dit la dame avec un air de soumission paisible, il en sera ce que vous voudrez; vous connaissez ces affaires mieux que moi; elles sont au-dessus de ma portée. Seulement je doute que l'horloge de la ville aille jamais bien, et que vous puissiez avoir vos repas à des heures régulières, jusqu'à ce que Pierre Mac Alpin rentre en place; il est vieux, il n'est plus en état de travailler, on ne peut le laisser mourir de faim, et il n'y a personne comme lui pour régler une horloge.

On peut remarquer ici en passant que, malgré cette prédiction, dont la belle Cassandre avait probablement le moyen d'assurer l'accomplissement, ce ne fut qu'à la seconde assemblée du conseil de la ville qui la suivit que les délits du carillonneur jacobite furent oubliés, et qu'il fut rétabli dans l'emploi de régler l'horloge de la ville et l'heure du dîner du prévôt.

En cette occasion, le dîner se passa agréablement. Summertrees parla et plaisanta avec l'aisance et l'indifférence d'un homme qui se regarde comme au-dessus de la compagnie dans laquelle il se trouve; et, quoiqu'il ne montrât aucun mécontentement quand le prévôt se permettait une repartie, il semblait que ce fût par pure tolérance, comme un maître en fait d'armes, donnant une leçon à un élève, se laisse quelquefois toucher afin de l'encourager. Cependant les plaisanteries qu'il faisait lui-même réussissaient à merveille, non-seulement avec le prévôt et sa femme, mais avec la servante placée derrière la table, dont les joues étaient rouges comme une cerise, et qui pouvait à peine remplir ses fonctions avec le décorum convenable, tant les saillies du laird produisaient d'effet sur elle.

Alan Fairford conservait seul son sérieux au milieu de cette gaieté générale; ce qui était d'autant moins étonnant, qu'indépendamment du sujet important qui occupait toutes ses pensées, la plupart des bons mots du laird consistaient en allusions malignes sur de petites anecdotes de paroisse ou de famille, dont l'avocat d'Édimbourg n'avait jamais entendu parler; de sorte que les éclats de rire de la compagnie n'étaient pour lui que comme des sons inarticulés et vides de sens.

Fairford fut donc charmé quand la nappe fut levée, et que M. Crosbie, non sans avoir reçu quelques avis de sa femme, eut fini de préparer un noble bol de punch qui sembla donner une nouvelle vivacité aux yeux du vieux laird jacobite. Le prévôt en versa un verre à chaque convive, et proposa, avec un ton d'emphase, la santé du roi, en regardant en même temps Fairford d'un air important qui semblait dire : — Vous savez de qui je veux parler, et par conséquent je n'ai pas besoin d'ajouter son nom.

Summertrees répéta le toast, en adressant à la maîtresse du logis un clin d'œil d'intelligence, et Fairford vida son verre en silence.

— Eh bien, jeune avocat, dit le laird, je suis bien aise de voir que, s'il reste peu d'honnêteté au barreau, il s'y trouve encore quelque pudeur. Il y a aujourd'hui quelques-unes de vos robes noires qui ne se soucient pas plus de l'une que de l'autre.

— Du moins, monsieur, répliqua Fairford, je suis assez avocat pour ne pas prendre parti volontairement dans des querelles que je ne suis pas chargé de défendre. Ce serait perdre mon temps et mes argumens.

— Allons, allons, dit mistress Crosbie, qu'il ne soit question dans cette maison ni de Whigs, ni de Torys. Le prévôt sait ce qu'il doit dire ; je sais, moi, ce qu'il devrait penser ; et, malgré tout ce qui s'est passé et ce qui se passe encore, il peut venir un temps où un honnête homme pourra dire ce qu'il pense, qu'il soit prévôt ou non.

— Entendez-vous cela, prévôt, dit Summertrees. Votre femme est une sorcière, et vous feriez bien de clouer un fer à cheval à la porte de votre chambre (1). Ha! ha! ha!

Cette saillie ne réussit pas aussi bien que les autres traits d'esprit du laird. La maîtresse de la maison se redressa, et le prévôt dit à demi-voix : — Plaisanterie

(1) Pratique superstitieuse pour empêcher les sortilèges. — Tr.

vraie n'est plus une plaisanterie, Summertrees; vous trouverez le fer à cheval un peu chaud.

—Vous pouvez sans doute en parler par expérience, prévôt, répondit le laird. Mais je demande pardon à mistress Crosbie; je n'ai pas besoin de lui dire combien je respecte l'ancienne et honorable maison de Redgauntlet.

— Et ce n'est pas sans raison, dit la dame, puisque vous en êtes si proche parent, et que vous connaissez si bien ce qui lui reste encore et ce qu'elle a perdu.

—Vous pouvez le dire hardiment, madame, reprit le laird; car le pauvre Herries Redgauntlet, qui souffrit à Carlisle, et moi, nous étions comme les deux doigts de la main; cependant nous ne nous fîmes pas de longs adieux en nous quittant.

— C'est vrai, c'est vrai, dit le prévôt; ce fut quand vous jouâtes le rôle de Trompe-Gibet, et qu'on vous donna le surnom de Tête-en-Péril. Je voudrais vous faire raconter cette histoire à mon jeune ami que voici. Les hommes de lois aiment les bons tours, et il est avocat.

—Je suis surpris de votre manque de circonspection, prévôt, répondit M. Maxwell, à peu près comme un chanteur qui refuse de chanter l'air qu'il a au bout de la langue. —Vous devez songer qu'il y a d'anciennes histoires dont on ne peut réveiller le souvenir avec toute sûreté pour ceux qu'elles concernent. *Tace* signifie une chandelle, en latin (1).

— J'espère, dit mistress Crosbie, que vous ne craignez pas qu'on rapporte hors de cette maison, à votre

(1) *Tace,* taisez-vous. Locution proverbiale consacrée, et dont l'étymologie est oubliée. — Éd.

préjudice, rien de ce qui peut s'y passer, Summertrees. J'ai déjà entendu cette histoire; mais plus je l'entends, plus elle me paraît merveilleuse.

—Sans doute, madame, répondit le laird; mais il y a si long-temps qu'on s'en émerveille, qu'il commence à être à propos de n'en plus parler.

Fairford crut alors que la civilité lui prescrivait de dire qu'il avait souvent entendu parler de l'évasion miraculeuse de M. Maxwell de Summertrees, et que rien ne lui serait plus agréable que d'en apprendre les détails véritables.

Mais le laird s'opiniâtra. Il ne voulait pas abuser des loisirs de la compagnie en débitant de vieilles fadaises.

—Eh bien! eh bien! dit le prévôt, tout est dit, il faut qu'un homme volontaire fasse sa volonté. Et dites-moi, à présent, que pensez-vous, vous autres, des troubles qui commencent à avoir lieu dans les colonies?

—C'est parfait, excellent. On est bien près du mieux quand les choses en viennent au pire, et elles y arrivent. Mais quant à l'histoire dont vous parliez, ajouta le laird qui commençait à craindre que le moment de la raconter ne lui échappât, si vous insistez pour que je vous la.....

—Non, non, dit le prévôt, ce n'était pas pour moi; c'était pour mon jeune ami.

— Et si cela peut lui faire plaisir, pourquoi m'y refuserais-je? répliqua le laird. Mais d'abord je bois à la santé de tous les honnêtes gens, tant en Écosse qu'outremer, et au diable tous les autres! et maintenant... Mais vous avez déjà entendu cette histoire, mistress Crosbie?

—Pas assez souvent pour qu'elle puisse m'ennuyer, répondit la dame.

Le laird alors commença sa narration, sans plus de préliminaires, en adressant la parole à Fairford.

—Vous avez sûrement entendu parler, jeune homme, d'une certaine année qu'on nomme 1745, époque où les têtes anglaises firent connaissance pour la dernière fois avec les claymores d'Écosse. Il y avait alors dans le pays des troupes de gaillards qu'on appelait rebelles; je n'ai jamais pu savoir pourquoi. Bien des gens qui auraient dû être avec eux ne s'y sont jamais montrés; prévôt, vous le savez comme moi, et vous savez aussi comment tout cela se termina. Les cous allongés devinrent à la mode, et bien des épaules se trouvèrent sans tête. Je ne sais trop ce que je fis alors, parcourant le pays avec mon poignard et mes pistolets à mon ceinturon pendant cinq à six mois; mais je m'éveillai tout à coup comme d'un rêve fort étrange. Un beau matin, je me trouvai marchant à pied, la main droite passée dans ce qu'on appelle des menottes, probablement pour qu'elle ne pût s'égarer, tandis que la main gauche du pauvre Harry Redgauntlet était traitée de la même manière, et nos deux mains étaient jointes l'une à l'autre par une chaîne. Nous avancions ainsi avec une vingtaine d'autres que leurs montures avait enfoncés aussi avant que nous dans le bourbier, et nous avions un sergent et une garde d'Habits-Rouges, pour nous assurer un voyage paisible. Or, si cette manière de voyager n'avait par elle-même rien de bien agréable, le but vers lequel nous marchions n'avait rien de bien attrayant; car vous comprenez, jeune homme, qu'on ne faisait pas juger ces pauvres rebelles par un jury de leurs concitoyens, qui auraient pu être bien disposés en leur faveur; quoiqu'on eût pu trouver en Écosse assez de Whigs pour nous faire pendre tous. Mais non, on nous faisait courir vers Carlisle, dont les habitans avaient été si effrayés, que, si l'on avait traduit tout un clan de montagnards devant la cour de justice, les juges et les jurés se seraient couvert les yeux des deux mains, et les auraient fait pendre tous, uniquement pour s'en débarrasser.

— Oui, oui, dit le prévôt, c'était une loi expéditive, je vous en réponds.

— Expéditive! s'écria sa femme, je voudrais être chargée de nommer un jury pour juger ceux qui l'ont rendue.

— Je suppose que le jeune avocat trouve tout cela très-juste, continua Summertrees en regardant Fairford : cependant un ancien avocat pourrait penser différemment. Quoi qu'il en soit, il fallait un bâton pour battre le chien, et l'on choisit le plus lourd. Eh bien, je conservai plus de tranquillité d'ame que mon compagnon, pauvre diable, car je n'avais à penser ni à femme, ni à enfant, et Harry Redgauntlet avait l'un et l'autre. Vous avez connu Herries, mistress Crosbie?

— Sans doute je l'ai connu, répondit-elle avec ce soupir qu'on accorde aux souvenirs de jeunesse quand l'objet qui les fait naître n'existe plus. Il n'était pas aussi grand que son père, et il était plus aimable sous tous les rapports. Après qu'il eut épousé cette dame anglaise qui avait une si grande fortune, on disait qu'il était moins Écossais que son frère.

— En ce cas on mentait, répliqua le laird. Le pauvre Harry n'était pas un de vos fanfarons, hardis en paroles, se vantant de ce qu'ils ont fait hier et de ce qu'ils feront demain. C'était à l'instant d'agir qu'il fallait voir Harry Redgauntlet. Je l'ai vu à Culloden, quand tout était perdu, faire plus de besogne à lui seul que vingt de ces rodomonts gonflés de vanité; au point que les soldats qui le firent prisonnier se criaient les uns aux autres de ne pas le blesser. Oui, on lui rendit cette justice, prévôt, car personne n'était brave comme lui. Je marchais donc à son côté, et je sentis, au milieu du brouillard du matin, qu'il soulevait ma main pour s'essuyer les yeux avec la sienne; car il ne pouvait faire ce mouvement sans ma permission, le pauvre diable. Mon cœur était prêt à se fendre de compassion. Cependant j'essayais et j'essayais encore de rendre ma main aussi petite que celle d'une femme, pour voir si je pourrais la faire passer à travers mon bracelet de fer. Vous jugez, ajouta le narrateur en étendant sur la table sa large main, que ce n'était pas une besogne facile avec un poing semblable à une épaule de mouton. Mais, comme vous pouvez l'observer, les os du poignet sont très-gros, ce qui avait empêché de serrer les menotes, et je réussis enfin à l'en tirer, et à l'y faire rentrer. Pour le pauvre Harry, il était tellement absorbé dans ses pensées, qu'il me fut impossible de lui faire remarquer ce dont je m'occupais.

— Et pourquoi cela? demanda Alan Fairford, à qui cette histoire commençait à inspirer quelque intérêt.

— Parce que nous avions de chaque côté un malencontreux coquin de dragon; et, si je l'avais mis dans ma confidence aussi bien qu'Harry, il ne se serait pas écoulé beaucoup de temps avant que mon bonnet eût été percé d'une balle. Il ne me restait donc qu'à faire de mon mieux pour moi-même; et, sur ma conscience, il en était temps, car j'avais le gibet devant les yeux.

Nous devions nous arrêter pour déjeuner à Moffat. Je connaissais parfaitement les bruyères que nous traversions, car il ne s'y trouvait pas un seul acre de terre sur lequel je n'eusse passé bien des fois en chassant avec les chiens ou les faucons. J'attendis donc, voyez-vous, que je fusse près des montagnes d'Errickstone. Vous connaissez cet endroit, on l'appelle le Marché aux Bœufs du Marquis, parce que c'était là que nos gaillards d'Annandale plaçaient le bétail qu'ils avaient enlevé.

Fairford avoua son ignorance.

— Vous devez l'avoir vu en venant ici. C'est un endroit où l'on dirait que les têtes de quatre montagnes se rapprochent tout exprès pour dérober à la clarté du jour l'espace profond qui les sépare, un maudit trou noir, semblable à un abîme qui borde la route, et dont la pente est presque perpendiculaire. Au fond est un petit ruisseau qu'on croirait à peine capable de trouver une issue pour sortir d'entre les montagnes qui le serrent de toutes parts. Mais, quoique ce lieu ne soit pas un paradis, monsieur, c'était ma seule ressource; et, quoique tous mes nerfs tressaillissent quand je songeais à l'espèce de saut périlleux que j'allais faire, cependant je ne perdis pas courage. Quand nous fûmes sur le bord de ce Marché aux Bœufs des Johnstone, je fis glisser ma main à travers mon bracelet et criant à Harry Redgauntlet:—Suivez-moi;—je passai sous le ventre du cheval du dragon, m'enveloppai de mon plaid avec la promptitude d'un éclair, me jetai ventre à terre, car il ne fallait pas songer à descendre sur les pieds, et je roulai à travers les bruyères, les fougères et les ronces, comme un tonneau qu'on descend dans le Clos de Chalmers à Auld

Reekie (1). Sur mon ame! monsieur, je ne puis m'empêcher de rire quand je pense à la figure que devaient faire ces coquins d'Habits-Rouges; car le brouillard étant fort épais, je présume qu'ils ne se doutaient guère qu'ils étaient si voisins d'un endroit semblable. J'étais à moitié de la descente (on va plus vite en roulant qu'en courant) avant qu'ils eussent pris leurs armes; et alors, pif, pif, pif, pan, pan, pan, sur le haut de la route! Je ne m'en souciais guère, — pas plus que des pierres qui me froissaient tous les membres; ma tête était occupée d'autre chose. En un mot, je ne perdis pas ma présence d'esprit, ce qui a toujours été regardé comme merveilleux pour quiconque a jamais vu cet endroit; et, m'aidant de mes mains, autant qu'on peut le faire en roulant, j'arrivai bientôt au fond. J'y restai un moment comme étourdi; mais l'idée du gibet vaut tous les flacons de sels et d'essences du monde pour rappeler un homme à lui-même. Je me relevai avec la vivacité d'un poulain de quatre ans. Toutes les montagnes me semblaient tourner autour de moi comme autant de grandes toupies; mais ce n'était pas le moment d'y penser, d'autant plus que la fusillade avait un peu éclairci le brouillard. Je voyais les coquins rassemblés comme autant de corbeaux sur le bord du précipice; et je crois qu'ils me voyaient aussi, car quelques-uns d'entre eux cherchaient à descendre en rampant; mais ils ressemblaient à de vieilles femmes en cotillons rouges, revenant d'entendre prêcher dans un champ, plutôt qu'à des gaillards alertes et dégagés comme je l'étais alors. Aussi ils

---

(1) Quartier de l'excise à Édimbourg, où sont de vastes caves.
Éd.

y renoncèrent bientôt, et se mirent à recharger leurs fusils.—Puisque tel est votre avis, messieurs, pensai-je, je vous souhaite le bonjour. Si vous avez quelque chose à me dire, il faudra que vous me suiviez jusqu'à Carrefraw-Gauns. Je partis à l'instant, et jamais daim ne courut sur les montagnes plus légèrement que je le fis alors. Je ne m'arrêtai que lorsque j'eus mis entre moi et mes amis les Habits-Rouges trois rivières passablement profondes, attendu les pluies récentes et quelques milliers d'acres des plus mauvais terrains d'Écosse.

— Et ce fut cet exploit qui vous valut le surnom de Tête-en-Péril, dit le prévôt en remplissant les verres, tandis que le laird, animé par les souvenirs que faisait revivre en lui son récit, regardait la compagnie d'un air de triomphe, comme pour quêter des applaudissemens.—Je bois à votre santé, Summertrees, ajouta-t-il, et puisse votre cou n'être jamais exposé par la suite à pareil risque !

— Ma foi ! je ne sais trop qu'en dire, répondit M. Maxwell. Il n'est guère probable que je sois tenté par une autre occasion. Qui sait cependant ? Et il se tut en prenant un air pensif.

— Puis-je vous demander ce que devint votre ami, monsieur ? dit Alan Fairford.

— Pauvre Harry ! Je vais vous le dire, monsieur ; mais c'est qu'il faut un certain temps pour prendre son parti sur l'alternative dont le prévôt vient de parler. Neal Mac-Lean, qui était précisément derrière nous, et qui se sauva de la potence, je ne sais trop par quel tour d'adresse, me dit qu'Harry, en me voyant partir, resta comme un homme privé de mouvement, quoique tous nos compagnons de captivité fissent autant de tapage qu'ils le pouvaient pour distraire l'attention des soldats. Il s'enfuit enfin ; mais, ou il ne connaissait pas les lieux comme moi, ou il jugea la descente trop rapide, ou il perdit la tête, en un mot ; il gravit la montagne sur la gauche au lieu de descendre le précipice qui était à droite, de sorte qu'il ne fut pas difficile de le poursuivre et de le reprendre. S'il avait suivi mon exemple, il aurait trouvé comme moi des bergers qui l'auraient caché et nourri de pain d'orge et de moutons morts de la clavelée jusqu'au retour d'un temps plus heureux.

— Il perdit donc la vie pour avoir pris part à cette insurrection ? dit Alan Fairford.

— Vous pouvez en faire serment. Il avait le sang trop rouge pour qu'on l'épargnât dans un moment où l'on avait besoin de cette teinture. Oui, monsieur, il perdit la vie, comme vous le dites, c'est-à-dire qu'il fut assassiné de sang-froid, ainsi que beaucoup de braves gens. Eh bien ! nous pouvons avoir notre tour ; ce qui est différé n'est pas perdu. On nous croit tous morts et enterrés, mais... A ces mots, il s'interrompit pour remplir son verre, le vida après avoir proféré quelques menaces à voix basse, et reprit son air de tranquillité ordinaire, dont il était sorti un moment.

— Et qu'est devenu l'enfant de M. Redgauntlet ?

— De *Master* (1) Redgauntlet, jeune homme ! dites de sir Henry Redgauntlet, comme son fils, s'il vit encore, est aujourd'hui sir Arthur. Je l'appelais Harry, par suite de notre intimité, et Redgauntlet, parce qu'il était le

---

(1) Le titre de *master* (de monsieur) se donne à tout le monde ; le *sir* n'appartient qu'aux baronnets et aux *knights* ; c'est pourquoi Maxwell répond le mot *master* avec emphase. — Éd.

chef de sa famille. Mais son titre était sir Henry Redgauntlet.

— Et son fils est donc mort? C'est dommage de voir s'éteindre une famille d'hommes si braves.

— Il a laissé un frère, monsieur, Hugh Redgauntlet, qui est maintenant le représentant de cette maison. Et, quoiqu'il soit dans l'infortune sous bien des rapports, il est plus en état de la représenter honorablement qu'un enfant élevé au milieu de ces enragés Whigs, les parens de la femme de sir Henry, son frère aîné. Ils ne sont pas amis de la famille Redgauntlet. Ce sont des Whigs dans toute l'étendue du terme. La jeune demoiselle avait épousé sir Henry contre le gré de sa famille. Pauvre femme! ils ne lui permirent pas même d'aller le voir dans sa prison. Ils eurent la bassesse d'y laisser Henry sans lui donner aucun secours pécuniaire; et, comme tous ses biens furent pillés et confisqués, il aurait manqué du nécessaire sans l'attachement qu'avait pour lui un aveugle, un drôle qui était un fameux joueur de violon. Je l'ai vu moi-même avec sir Henry avant que l'affaire éclatât, et pendant qu'elle était en train. On m'a assuré qu'il jouait du violon dans les rues de Carlisle, et qu'il portait à son maître tout ce qu'il pouvait gagner, pendant qu'il était en prison au château.

— Je n'en crois pas un mot, s'écria mistress Crosbie rougissant d'indignation; un Redgauntlet serait mort vingt fois avant de toucher au salaire d'un ménétrier.

— Ta, ta, ta ! sottise et orgueil! dit le laird de Summertrees : ventre affamé mange tout ce qu'il trouve, cousine Crosbie. Vous ne vous doutez guère de ce que quelques-uns de vos amis ont été obligés de faire pour une assiette de soupe. Sur mon ame! j'ai moi-même tourné la roue d'un rémouleur pendant plusieurs semaines, partie par besoin, partie pour me déguiser, et j'étais là faisant bizz, bizz, whizz, whizz, à la porte de toutes les vieilles femmes. Quand vous aurez des ciseaux à faire aiguiser, mistress Crosbie, je serais homme à m'en charger, si ma roue était en bon état.

— Il faut d'abord que vous en obteniez de moi la permission, dit le prévôt, car j'ai ouï dire que vous aviez de singulières façons d'agir; par exemple, que vous preniez un baiser au lieu d'argent quand la pratique vous plaisait.

— Allons, allons, prévôt, dit mistress Crosbie en se levant, si le punch vous monte à la tête, au lieu de continuer le dîner, il est temps que je me retire. — Quand vous voudrez une tasse de thé, messieurs, vous viendrez me rejoindre dans ma chambre.

Alan Fairford ne fut pas fâché de voir partir la dame. Elle paraissait trop sensible à tout ce qui touchait à l'honneur de la famille des Redgauntlet, quoiqu'elle ne fût que leur cousine au quatrième degré, pour ne pas prendre l'alarme aux questions qu'il se proposait de faire pour trouver le chef actuel de cette maison. Des soupçons aussi étranges que confus s'élevèrent dans son esprit, d'après le souvenir imparfait qu'il avait conservé de l'histoire merveilleuse racontée à Darsie Latimer par Willie-le-Vagabond, et l'idée qui se présenta à lui fut que son ami pouvait être le fils de l'infortuné sir Henry.

Mais, avant de se livrer à de pareilles conjectures, l'essentiel était de découvrir ce que Darsie était devenu. S'il était entre les mains de son oncle, ne pouvait-il pas exister quelque rivalité de rang ou de fortune qui engagerait un homme aussi résolu que Redgauntlet à prendre des mesures plus que sévères contre un jeune homme qu'il ne pouvait faire entrer dans ses vues? Il réfléchissait à ce sujet en silence pendant que le prévôt s'empressait de remplir les verres aussitôt qu'ils étaient vides, et il attendait que M. Crosbie, suivant la proposition qu'il lui en avait faite lui-même, entamât le sujet qui était le motif de l'invitation à dîner faite à M. Maxwell. Mais ou le prévôt avait oublié sa promesse, ou il n'était pas pressé de l'exécuter. Il discourut avec beaucoup d'ardeur sur la taxe du timbre, dont on menaçait alors les colonies américaines, et sur les autres intérêts politiques du jour, mais ne dit pas un mot de Redgauntlet. Enfin Alan vit qu'il était indispensable qu'il rompît la glace lui-même, et il résolut de le faire sans plus de retard.

Il profita donc du premier instant de silence qui interrompit la discussion sur les affaires coloniales pour dire au prévôt :—Il faut que je vous rappelle, M. Crosbie, que vous m'avez promis vos bons offices pour me procurer quelques renseignemens sur une affaire qui, comme vous le savez, me donne beaucoup d'inquiétude.

— Oh! dit le prévôt après avoir hésité un moment, c'est la vérité. — M. Maxwell, nous désirons vous consulter sur une affaire importante. Il est bon que vous sachiez, et je présume que vous devez en avoir entendu parler, que les pêcheurs de Brokenburn et du haut du Solway ont détruit de vive force la pêcherie et les filets à pieux du quaker Geddes.

— Oui, je l'ai ouï dire, prévôt, et j'ai été charmé d'apprendre qu'il restait encore assez de nerf à ces drôles pour se faire justice d'une innovation qui réduirait les pêcheurs de la partie supérieure du Solway à n'être plus que des espèces de poules destinées à couver et à faire éclore le poisson pour le faire prendre et manger aux pêcheurs de l'embouchure.

— Fort bien, monsieur, dit Alan; mais ce n'est pas ce dont il s'agit. Un jeune homme de mes amis était avec M. Geddes lorsque cette voie de fait a eu lieu; et notre ami commun, M. Crosbie, pense que vous pourriez me donner un avis.

Il fut interrompu par le prévôt et par Summertrees, qui se récrièrent tous deux en même temps, le premier voulant ne point paraître prendre un intérêt à cette affaire, le second cherchant à se dispenser de répondre.

— Moi, penser! s'écria le prévôt; je n'y ai jamais pensé deux fois, M. Fairford; tout cela n'est, quant à moi, ni chair, ni poisson, ni hareng salé.

— Moi, vous donner un avis! dit M. Maxwell de Summertrees; comment diable! et quel avis puis-je vous donner, si ce n'est de faire sonner dans toutes les rues et dans tous les carrefours votre mouton perdu, comme on le fait pour un chien ou un cheval égaré?

— Pardon, dit Alan avec calme, mais avec fermeté; j'attends de vous une réponse plus sérieuse.

— Quoi donc, monsieur l'avocat! je croyais que votre besogne était de donner des avis à vos concitoyens, et non pas d'en demander à de pauvres gentilshommes campagnards.

— Si ce ne sont pas exactement des avis que nous devons leur demander, M. Maxwell, il est quelquefois de notre devoir de leur adresser des questions (1).

(1) L'avocat a le droit d'interroger à l'audience les témoins de la partie adverse. — ÉD

— Quand vous avez votre perruque sur la tête et votre robe sur le dos, monsieur, nous devons vous accorder le privilège qu'elles vous donnent de dire tout ce que bon vous semble ; mais quand vous ne portez pas ce costume, le cas est tout différent. Comment pouvez-vous supposer, monsieur, que j'aie quelque rapport avec ce qui s'est passé sur le Solway, ou que je sois mieux instruit que vous à ce sujet? Votre question part d'une supposition incivile.

— Je vais m'expliquer, dit Alan, bien déterminé à ne pas fournir à M. Maxwell l'occasion de rompre la conversation. Vous êtes ami de M. Redgauntlet ; il est accusé d'avoir pris part à ces désordres, et d'avoir employé la violence pour s'emparer de la personne de M. Darsie Latimer, mon ami, jeune homme qui jouit d'une belle fortune, et qui n'est pas sans importance dans le monde. Je suis venu ici pour m'assurer de ce qu'il est devenu ; et tous ceux qui ont pris part à sa disparition, — votre ami, surtout, — auraient à me remercier de la modération que j'ai dessein de mettre dans cette affaire si on m'accueille avec la franchise convenable.

— Vous avez mal compris, répondit Maxwell d'un ton plus calme. Je vous ai dit que j'étais ami de feu sir Henry Redgauntlet, qui fut exécuté en 1745 à Hairibie, près de Carlisle ; mais je ne connais personne qui porte à présent le nom de Redgauntlet.

— Vous connaissez M. Herries de Birrenswork, dit Alan en souriant, et le nom de Redgauntlet lui appartient.

Maxwell jeta un regard de reproche vers le prévôt ; mais il prit sur-le-champ un air plus doux, et parla avec un ton de candeur et de confiance.

— Vous ne devez pas être surpris, M. Fairford, répondit-il, que de pauvres persécutés soient un peu sur le qui-vive quand des jeunes gens aussi intelligens que vous nous adressent de semblables questions. Moi-même, qui suis maintenant tout-à-fait hors d'affaire, et qui puis me montrer sur la place de la Croix, mon chapeau enfoncé sur la tête, en plein jour, ou au clair de la lune, comme bon me semble, j'ai tellement contracté l'habitude de marcher le visage couvert d'un pan de mon plaid, que, sur ma foi, quand un Habit-Rouge s'avance tout à coup vers moi je voudrais toujours avoir ma roue et ma pierre à aiguiser. Or le pauvre diable de Redgauntlet est dans une situation bien plus fâcheuse. Il est encore, comme vous pouvez le savoir, sous le glaive de la loi, et cela nous rend circonspects, très-circonspects, quoique je sois sûr que cette précaution est inutile avec vous; car un homme qui a votre ton et vos manières ne voudrait pas nuire à un gentilhomme dans l'infortune.

— Au contraire, monsieur, dit Fairford, je désire fournir aux amis de M. Redgauntlet le moyen de le tirer d'embarras en procurant la mise en liberté de mon ami Darsie Latimer. S'il n'a souffert d'autre inconvénient qu'une courte détention, je garantis que l'affaire se passera tranquillement, et qu'il n'y sera donné aucune suite. Mais pour atteindre ce but, si désirable pour un homme qui vient de commettre si récemment une pareille infraction aux lois, il faut que réparation de cet attentat soit faite, et soit faite très-promptement.

Maxwell paraissait absorbé dans ses réflexions; il échangea quelques coups d'œil avec son hôte, et ils n'annonçaient guère de satisfaction. Fairford se leva de table, et fit quelques tours dans l'appartement, afin de leur laisser la liberté de converser, car il espérait que l'impression qu'il avait évidemment faite sur Summertrees finirait par produire quelque chose de favorable à ses desseins. Ils profitèrent de l'occasion, et se mirent à causer à voix basse, le laird semblant faire des reproches au prévôt avec vivacité, et celui-ci paraissant chercher à se justifier d'un air embarrassé. Quelques mots de leur conversation arrivèrent jusqu'à l'oreille de Fairford, dont ils semblaient oublier la présence, et qui, s'étant arrêté à une extrémité de la salle à manger, paraissait examiner avec attention un bel écran des Indes, présent fait au prévôt par son frère, capitaine de navire au service de la compagnie des Indes orientales. Cependant il voyait clairement que c'étaient sa mission et l'espèce d'opiniâtreté avec laquelle il voulait la remplir qui formaient le sujet de l'altercation.

Enfin Maxwell lâcha les mots : — Bonne cargaison ! et le renvoyer chez lui la queue échaudée, comme un chien qui vient marauder dans la maison d'autrui.

Le prévôt parut d'un avis différent. — Il n'y faut pas penser, dit-il ; mauvais projet... plus que mauvais... la place que j'occupe... l'utilité dont je suis... Vous ne pouvez vous imaginer comme il est obstiné... c'est son père trait pour trait.

Ils causèrent encore quelque temps en baissant la voix, et enfin le prévôt, relevant sa tête qu'il avait penchée sur sa poitrine, s'adressa à Alan d'un ton enjoué.

— Allons, M. Fairford, remettez-vous donc à table, et prenez votre verre. Nous venons de nous consulter ensemble, et vous verrez que ce ne sera pas notre faute si vous n'êtes pas satisfait, et si M. Darsie Latimer ne se trouve pas bientôt libre d'appuyer son violon sous son menton; mais Summertrees pense que vous serez obligé de courir quelque risque, et peut-être ne vous en soucierez-vous pas.

— Messieurs, dit Fairford, il n'est pas de risque auquel je ne sois disposé à m'exposer pour parvenir à mon but; mais je m'en rapporte à votre conscience, à la vôtre, M. Maxwell, comme homme d'honneur et gentilhomme; à la vôtre, prévôt, comme magistrat et sujet loyal; et je me flatte que vous ne chercherez pas à m'égarer dans cette affaire.

— Quant à moi, dit Summertrees, je vous dirai la vérité en deux mots. Je conviens franchement que je puis vous procurer le moyen de voir ce pauvre diable de Redgauntlet : je le ferai, si vous l'exigez, et je le prierai même de vous traiter comme le réclame votre mission; mais le pauvre Redgauntlet est bien changé, et même, pour dire la vérité, son caractère n'a jamais été très-maniable; cependant je vous garantis que vous n'aurez pas un grand péril à redouter.

— Je saurai m'en garantir moi-même, s'écria Fairford, en emmenant avec moi une force convenable.

— C'est ce que vous ne ferez pas, répondit Summertrees. Croyez-vous que je veuille livrer le pauvre diable entre les mains des Philistins? Ma seule raison pour vous fournir le moyen de le voir est au contraire de faire en sorte que cette affaire s'arrange à l'amiable. D'ailleurs il est si bien servi par ses correspondans que, si vous arriviez dans son voisinage avec des soldats ou des constables, je vous réponds que vous ne réussiriez pas à lui mettre un grain de sel sur la queue.

Fairford réfléchit un instant. Voir cet homme, s'assurer de la situation dans laquelle se trouvait son ami, étaient des avantages qu'il croyait qu'aucun risque personnel ne pouvait lui faire acheter trop cher, d'où il comprit clairement que, s'il suivait la marche la plus sûre pour lui en recourant à l'intervention des lois, ou il ne recevrait pas les renseignemens dont il avait besoin pour arriver jusqu'à l'homme qu'il cherchait, ou que Redgauntlet serait informé du danger qu'il courait, et probablement quitterait le pays. Il répéta donc : — Je mets toute confiance en votre honneur, M. Maxwell, et j'irai seul voir votre ami; je ne doute guère que je ne le trouve accessible à la raison, et que je ne reçoive de lui les renseignemens que j'ai droit d'en attendre.

— Je suis assez porté à le croire aussi, dit M. Maxwell de Summertrees; mais cependant je pense que ce ne sera qu'à la longue, et que vous aurez à éprouver quelques délais et quelques inconvéniens. Ma garantie ne va pas plus loin.

— Je l'accepte comme vous me la donnez, répondit Alan Fairford; mais permettez-moi de vous demander, puisque vous attachez un si grand prix à la sûreté de votre ami, et que bien certainement vous ne voudriez pas compromettre la mienne, s'il ne vaudrait pas mieux que vous, ou le prévôt, vous vinssiez avec moi chez cet homme, afin de joindre vos efforts aux miens pour lui faire entendre raison?

— Moi! s'écria le prévôt, je ne ferais pas un pas, M. Alan; c'est ce dont vous pouvez être assuré. M. Redgauntlet est cousin de ma femme au quatrième degré, c'est une chose incontestable; mais fût-il le dernier de tous ses parens et des miens, il ne conviendrait pas à un homme qui occupe une place comme la mienne, d'aller rendre visite à des rebelles.

— Sans doute, ni de boire avec eux, dit Maxwell en remplissant son verre; je m'attendrais autant à trouver Claverhouse écoutant un prédicateur prêchant en plein champ. Quant à moi, M. Fairford, je ne puis vous accompagner, précisément pour la raison opposée. Une telle visite serait au-dessous de la dignité du prévôt de cette ville florissante et loyale, et elle ferait dire de moi *noscitur à socio* (1). La poste porterait à Londres la nouvelle que deux jacobites comme Redgauntlet et moi ont eu une conférence dans le creux d'un rocher; l'*habeas corpus* serait suspendu; la renommée sonnerait de la trompette à se faire entendre de Carlisle à Land's-End (2): mon domaine pourrait glisser entre mes doigts, et j'irais peut-être rouler une seconde fois dans le précipice d'Errickstone. Non, non; attendez un moment; je vais passer dans le cabinet du prévôt, écrire à Redgauntlet, et je vous dirai ensuite comment vous pourrez lui remettre ma lettre.

— Vous y trouverez plume et encre, lui dit le prévôt en lui montrant la porte d'un appartement communiquant avec la salle à manger, et où étaient son pupitre en bois de noyer et son secrétaire en bois des Indes.

— Une plume en état d'écrire, j'espère, dit le laird.

— Et même d'orthographier quand elle est en bonne main, répondit le prévôt pendant que Summertrees fermait la porte.

(1) Dis-moi qui tu hantes, je te dirai qui tu es. — Tr.
(2) Extrémité du comté de Cornouailles. — Éd.

CHAPITRE XII.

CONTINUATION DE LA NARRATION.

Dès que l'appartement fut privé de la présence de M. Maxwell de Summertrees, le prévôt jeta un coup d'œil de prudence derrière lui, des deux côtés et tout autour de la salle, rapprocha sa chaise de celle du seul convive qui lui restait, et se mit à lui parler d'un ton si bas qu'il n'aurait pas effrayé la plus petite souris qui ait jamais trotté sur un plancher.

— M. Fairford, lui dit-il, vous êtes un bon jeune homme, et, qui plus est, vous êtes le fils de mon ancien ami; votre père, M. Alexandre Fairford, sert de procureur à cette ville depuis bien des années, et il a eu plus d'une affaire pour le Conseil, de sorte qu'il y a des obligations entre lui et moi. Elles peuvent être de mon côté; mais, d'un côté ou de l'autre, il y a des obligations entre nous. Je suis un homme franc, M. Fairford, et j'espère que vous me comprenez.

— Je comprends que vous me voulez du bien, prévôt, et vous ne pourrez jamais me le prouver plus à propos que dans l'occasion présente.

— C'est cela même, M. Alan; c'est à quoi j'en voulais venir. D'ailleurs je suis, comme cela convient aux fonctions que j'exerce, fermement attaché au roi et à l'église, entendant par ces mots le gouvernement actuel civil et religieux; et ainsi, comme je le disais, vous pouvez compter entièrement sur... sur mes avis.

— Je compte sur votre assistance et votre coopération, M. Crosbie.

— Certainement, certainement. Maintenant, voyez-vous, on peut aimer l'église, et ne pas être toujours à cheval sur le toit qui la couvre. On peut aimer le roi, et ne pas vouloir faire toujours passer sa santé par le gosier de gens qui en préféreraient un autre. J'ai parmi eux des amis et des parens, M. Fairford, comme votre père peut y avoir des cliens. Ces pauvres jacobites sont de chair et de sang comme nous. Ils sont fils d'Adam et d'Ève, et par conséquent... J'espère que vous me comprenez?... Je suis un homme franc.

— Je doute que je vous comprenne parfaitement, mon cher prévôt; et, si vous avez quelque chose à me dire en particulier, vous ferez bien de vous presser, car le laird de Summertrees aura fini sa lettre dans une minute ou deux.

— Non pas, non pas, mon jeune ami; Tête-en-Péril est une bonne tête; mais sa plume ne court pas sur le papier aussi vite que son lévrier sur la plaine de Tinwald. Je viens de lui lancer un brocard à ce sujet, si vous l'avez remarqué. Il n'y a rien que je ne puisse dire à Tête-en-Péril : n'est-il pas proche parent de ma femme ?

— Mais votre avis, prévôt? dit Alan qui s'aperçut que, comme un cheval ombrageux, le digne magistrat se cabrait pour s'écarter du but, à l'instant même où il semblait en approcher.

— Je vous le donnerai avec franchise, car je suis un homme franc. Nous supposerons, voyez-vous, qu'un ami comme vous fût tombé dans le trou le plus profond du Nith (1), et se débattit pour s'en tirer. Dans un tel cas, voyez-vous, je n'aurais guère d'espoir de le sauver, étant chargé d'embonpoint, ayant les bras courts, et ne sachant pas nager. A quoi servirait donc que je me jetasse dans l'eau après lui?

— Je crois vous comprendre maintenant. Vous pensez que la vie de Darsie Latimer est en danger.

— Moi! je ne pense nullement cela, M. Alan; mais, quand elle serait en danger, comme j'espère le contraire, son sang n'est pas le même que le vôtre après tout.

— Mais voici votre ami Summertrees qui m'offre une lettre pour ce Redgauntlet. Que dites-vous à cela ?

— Moi, M. Alan? rien absolument rien. Mais vous ne savez pas ce que c'est que de regarder un Redgauntlet en face. Vous feriez mieux de vous essayer sur ma femme, qui n'est que cousine au quatrième degré, avant de vous hasarder avec le laird. Dites seulement quelques mots en faveur de la révolution, et vous verrez quel regard elle vous lancera.

— Je vous laisse le soin de supporter le feu de cette

---

(1) Rivière d'Écosse. — Éd.

batterie, prévôt. Mais, parlez-moi en homme : croyez-vous que ce Summertrees agisse de bonne foi avec moi ?

— De bonne foi ? Le voilà qui vient. De bonne foi ? Je suis un homme franc, M. Fairford. N'avez-vous pas dit de bonne foi ?

— Oui, sans doute, je l'ai dit ; il est fort important pour vous et pour moi que je le sache et que vous me le disiez ; car si vous ne le faites pas, et qu'il m'arrive quelque accident, vous pourriez être regardé comme complice d'un meurtre, et dans des circonstances qui ressembleraient beaucoup à un meurtre avec préméditation.

— Meurtre ! qui parle de meurtre ? Il n'y a pas de danger de meurtre, M. Alan. Seulement, si j'étais à votre place, pour vous parler franchement... Ici, il se pencha vers l'oreille du jeune avocat, et, après une vive douleur, accompagnée d'un violent effort, il accoucha heureusement de son avis dans les termes suivans : — Jetez un coup d'œil sur la lettre de Tête-en-Péril avant de la remettre.

Fairford tressaillit, regarda le prévôt en face, et garda le silence, tandis que M. Crosbie, avec l'air de satisfaction d'un homme qui s'est enfin déterminé à accomplir un grand devoir, au prix d'un sacrifice considérable, clignait les yeux et lui faisait des signes de tête pour appuyer encore davantage sur son avis. Avalant alors un grand verre de punch, et poussant un soupir comme un homme déchargé d'un pesant fardeau, il conclut par son refrain ordinaire : — Je suis un homme franc, M. Fairford.

— Un homme franc ! dit Maxwell qui entrait en ce moment sa lettre en main ; prévôt, je ne vous ai jamais entendu prononcer cette expression que lorsque vous voulez jouer quelque tour de votre façon.

M. Crosbie eut l'air assez confus, et le laird de Summertrees jeta un coup d'œil de doute et de méfiance sur Alan Fairford, qui le soutint avec toute l'intrépidité de sa profession. Un moment de silence s'ensuivit.

— J'essayais, dit enfin le prévôt, de dissuader notre jeune ami de sa folle expédition.

— Et je suis déterminé à ne pas y renoncer, dit Fairford. En vous donnant toute ma confiance, M. Maxwell, je crois pouvoir compter sur l'honneur d'un gentilhomme.

— Je vous garantis de toutes conséquences sérieuses ; mais il faut vous attendre à souffrir quelques inconvéniens.

— Je m'y résignerai ; je suis disposé à en courir le risque.

— En ce cas, il faut que vous alliez...

— Je vous laisse, messieurs, dit le prévôt ; quand vous aurez terminé votre entretien, vous viendrez me rejoindre pour prendre le thé avec ma femme.

— Et jamais thé n'a été servi par vieille femme plus accomplie, dit Maxwell tandis que M. Crosbie fermait la porte. Celui qui parle le dernier est toujours sûr de lui, n'importe qui il est ; cependant, parce qu'il sait glisser dans les mains comme une anguille ; qu'il a la langue assez bien pendue ; qu'il est allié à de bonnes familles, et surtout parce que personne n'a jamais pu découvrir s'il est Whig ou Tory, voilà la troisième fois qu'on l'a nommé prévôt. Mais parlons de nos affaires.

— Ce paquet, ajouta-t-il en lui remettant une lettre cachetée, est adressé, comme vous le voyez, M. Fairford, à M. Herries de Birrenswork, et il contient vos lettres de créance pour lui. On le connait également sous son nom de famille Redgauntlet; mais on le lui donne moins fréquemment, parce qu'il est mentionné d'une manière peu agréable dans certain acte du parlement. Je ne doute guère qu'il ne vous apprenne que votre ami est en sûreté, et qu'il ne lui rende la liberté après un très-court délai, c'est-à-dire en supposant qu'il en soit privé maintenant. Mais le point important, c'est de découvrir où il est; et avant que vous en soyez informé, comme cela vous est nécessaire, il faut que vous me donniez votre parole d'honneur que vous n'instruirez personne, ni de vive voix, ni par lettre, de l'expédition que vous allez entreprendre.

— Comment, monsieur, s'écria Alan, pouvez-vous vous imaginer que je ne prenne pas la précaution d'informer quelqu'un de l'endroit où je vais me rendre, afin qu'en cas d'accident on puisse savoir où je suis, et dans quel dessein j'y suis allé?

— Et pouvez-vous vous imaginer, répondit Maxwell sur le même ton, que je veuille confier la sûreté de mon ami, non-seulement à vous, mais encore à quiconque il vous plaira de prendre pour confident, et qui pourrait se servir de cette connaissance pour le perdre? Non, non: je vous ai donné ma parole que vous n'avez rien à craindre; il faut que vous me donniez la vôtre que vous garderez le secret sur cette affaire. Donnant, donnant; vous savez.

Alan Fairford ne put s'empêcher de penser que cette obligation qu'on lui imposait de garder le secret donnait une nouvelle face à l'affaire; mais réfléchissant que ce n'était peut-être qu'en acceptant cette condition qu'il pouvait rendre la liberté à son ami, il fit la promesse qu'on exigeait de lui, avec la résolution de l'exécuter.

— Et maintenant, monsieur, ajouta-t-il, où dois-je me rendre avec cette lettre? M. Herries est-il à Brokenburn?

— Il n'y est pas, je ne crois même pas qu'il y retourne avant que l'affaire des filets à pieux soit oubliée, et je ne le lui conseillerais pas. Les quakers, avec leur air de paix et de douceur, conservent de la rancune aussi long-temps que les autres. Maintenant je vous dirai que, quoique je n'aie pas la prudence de M. le prévôt, qui ne veut pas savoir où ses amis se cachent pendant l'adversité, de crainte qu'on ne lui demande peut-être de contribuer à les secourir, cependant je ne juge ni nécessaire ni prudent de m'informer de tous les endroits où peut aller ce pauvre diable de Redgauntlet, parce que, si l'on venait à m'interroger à cet égard, je veux être libre de répondre : — Je n'en sais rien. — Il faut donc que vous vous rendiez à Annan, chez le vieux Tom Trumbull, Tam Turnpenny, comme on l'appelle ; et vous pouvez être sûr qu'il saura lui-même où est Redgauntlet, ou qu'il trouvera quelqu'un qui peut l'en instruire. Mais faites attention que le vieux Turnpenny ne répondra à aucune question à ce sujet que vous ne lui donniez le mot du guet. Pour cela vous lui demanderez :—Fait-il clair de lune? et s'il vous répond — pas assez pour débarquer une cargaison, vous ajouterez : Au diable les almanachs d'Aberdeen ! — Alors il vous parlera sans réserve. — Et maintenant je vous engage à ne pas perdre de temps, car le mot du guet change souvent. Et prenez garde à vous parmi ces rôdeurs de nuit, car ce sont des gens qui n'aiment ni les lois ni les hommes de loi.

— Je partirai à l'instant même, dit le jeune avocat; je vais seulement prendre congé de M. et de mistress Crosbie, et je saute sur mon cheval dès que le garçon d'écurie de l'auberge du *Roi George* aura eu le temps de le brider. Quant aux contrebandiers, je ne suis employé ni des douanes ni de l'excise; et comme l'homme qui rencontrerait le diable, s'ils ne me disent rien, je n'aurai rien à leur dire.

— Vous êtes un jeune homme qui avez du cœur, dit Summertrees d'un ton évidemment plus cordial en voyant une ardeur et un mépris pour le danger qu'il ne s'attendait peut-être pas à trouver dans un jeune homme de la profession d'Alan ; oui, vous en avez, j'en réponds et c'est presque dommage.... — Il s'arrêta tout à coup.

— Dommage? répéta Alan.

— Oui, dommage que je ne puisse vous accompagner, ou du moins vous donner un guide sûr.

Ils se rendirent dans la chambre à coucher de mistress Crosbie; car c'était dans cet asile que les dames servaient le thé à cette époque, quand la salle à manger était occupée par le bol de punch.

— Vous avez été bien sages ce soir, messieurs, dit mistress Crosbie. Je crains, Summertrees, que le prévôt n'ait pas fait le punch à votre goût; car vous n'avez pas coutume d'être si pressé de le quitter. Quant à vous, M. Fairford, vous êtes encore trop jeune pour boire le punch à plein seau ; mais j'espère que vous n'irez pas dire au beau monde d'Édimbourg que le prévôt de Dumfries vous a retiré l'écuelle des mains, comme dit la chanson.

— Je n'ai qu'à me louer des politesses du prévôt et des vôtres, madame, répondit Alan ; mais la vérité est que j'ai encore une longue course à faire ce soir, et que je désire monter à cheval le plus promptement possible.

— Ce soir? dit M. Crosbie avec un air d'inquiétude; ne feriez-vous pas mieux d'attendre la lumière du jour pour partir?

— M. Fairford fera aussi bien de profiter de la fraîcheur de la soirée, dit le laird de Summertrees se chargeant de répondre pour Alan.

Le prévôt n'en dit pas davantage; sa femme ne fit aucune question, et ni l'un ni l'autre ne parurent surpris du prompt départ de leur hôte.

Dès qu'il eut pris une tasse de thé, Alan fit ses adieux à toute la compagnie avec le cérémonial d'usage. M. Maxwell parut s'appliquer à empêcher toute communication particulière entre Fairford et le prévôt, et il resta près d'eux sur le palier de l'escalier, pendant qu'ils prenaient congé l'un de l'autre. Il entendit M. Crosbie demander à Alan s'il se proposait de revenir bientôt, et celui-ci répondre que le temps de son absence était incertain ; il vit aussi le prévôt serrer la main du jeune avocat avec une chaleur qui ne lui était pas ordinaire, en lui disant d'une voix presque tremblante : — Que Dieu vous protège, M. Alan, et qu'il vous fasse réussir ! Enfin le laird accompagna Fairford jusqu'à son auberge ; mais il résista à toutes les tentatives que fit celui-ci pour connaître un peu mieux les affaires de Redgauntlet, et se borna à lui dire qu'il apprendrait du vieux Trumbull, autrement dit Turnpenny, tous les détails qui lui seraient nécessaires.

Enfin le bidet de louage d'Alan fut amené sellé et bridé, animal à long cou, qui n'avait que la peau et les os, et qui portait une valise contenant la garde-robe de voyage du jeune avocat. Se mettant fièrement en avant de son bagage, et ne rougissant nullement d'une manière de voyager qu'un moderne avocat regarderait comme la dernière des dégradations, Alan Fairford prit congé du vieux jacobite Tête-en-Péril, et se mit en route pour le bourg royal d'Annan.

Ses réflexions, chemin faisant, ne furent pas très-agréables; il ne pouvait se dissimuler qu'il se livrait lui-même, peut-être avec trop de témérité, entre les mains de bandits et de gens capables de tout; car on ne pouvait supposer qu'un homme dans la situation où se trouvait Redgauntlet eût d'autres associés. Mais Alan avait encore d'autres sujets de crainte : il avait fort bien remarqué plusieurs signes d'intelligence entre mistress Crosbie et le laird de Summertrees, et il était évident que les dispositions favorables que lui avait montrées le prévôt, qu'il croyait sincère, n'étaient pas assez fortes pour résister à l'influence de la ligue formée entre sa femme et son ami. Les adieux du prévôt, comme *l'amen* de Macbeth (1), lui étaient restés au gosier, et semblaient indiquer qu'il avait plus de craintes qu'il n'osait en montrer.

En rapprochant toutes ces observations, Alan pensa, non sans inquiétude, aux vers célèbres de Shakspeare :

(1) Lorsque Macbeth vient d'assassiner le roi, il raconte qu'il a entendu deux de ses serviteurs qui, dans leur sommeil, disaient *God bless us,* Dieu nous bénisse; il était sur le point de répondre *amen,* ainsi soit-il, à cette espèce de prière : le mot *amen* lui est resté à la gorge, etc. — Éd.

.... Une goutte
Qui cherche une autre goutte au fond de l'Océan, etc. (1).

Mais la persévérance était un des traits caractéristiques du jeune avocat; il était et il avait toujours été tout-à-fait différent de ces coursiers pleins de feu en partant, mais que leur ardeur épuise dès les premières heures de la journée. Au contraire, ses premiers efforts semblaient souvent insuffisans pour l'entreprise qu'il méditait, quelle qu'en fût la nature, et ce n'était qu'à mesure qu'il voyait les difficultés s'accroître que son ame semblait acquérir l'énergie nécessaire pour les surmonter. Si donc il marchait avec quelque inquiétude à cette expédition incertaine et dangereuse, le lecteur ne doit pas le soupçonner d'avoir conçu, même un instant, la moindre idée d'y renoncer, et d'abandonner Darsie Latimer à sa destinée.

Une couple d'heures lui suffirent pour arriver dans la petite ville d'Annan, située sur les bords du Solway. Il était alors entre huit et neuf heures; le soleil venait de se coucher, mais il faisait encore jour; et, dès qu'il eut mis pied à terre, et qu'il eut placé son cheval dans la principale auberge de la ville, il demanda où demeurait l'ami de M. Maxwell, le vieux Tom Trumbull, et il n'eut pas de peine à l'apprendre, car chacun paraissait le connaître parfaitement. Il chercha à tirer d'un jeune homme qui lui servait de guide quelques renseignemens sur l'état et la profession de celui à qui il était adressé; mais les expressions, — Homme fort honnête, homme

(1) .... *A drop*
That in the Ocean seeks, another drop, etc.
Éd.

respectable, sur un bon pied dans le monde, — furent tout ce qu'il en put obtenir ; et, pendant que Fairford continuait à faire question sur question, son conducteur mit fin à cet interrogatoire en frappant à la porte de M. Trumbull, dont l'habitation, d'assez bonne apparence, était à quelque distance de la ville, et beaucoup plus près de la mer. Elle faisait partie d'une petite rangée de maisons qui s'avançaient jusqu'au bord de l'eau, et derrière lesquelles étaient des jardins et des bâtimens d'exploitation rurale. On entendait, dans l'intérieur, chanter un psaume sur un air écossais, et l'exclamation du guide : — Ils sont en prière! semblait donner à entendre à Fairford qu'il ne serait reçu que lorsqu'elle serait terminée.

Quand pourtant Fairford eut frappé une seconde fois, les chants cessèrent, et M. Trumbull lui-même, ayant à la main son Psautier, tenu entr'ouvert par le moyen de son doigt placé entre les feuillets, se présenta à la porte pour s'informer de la cause d'une interruption qui arrivait si mal à propos.

Rien, dans tout son extérieur, n'aurait pu faire soupçonner qu'on voyait en lui le confident d'un homme qui, dans son désespoir, se croyait tout permis, l'associé de gens déterminés qui ne reconnaissaient aucune loi. C'était un homme de grande taille, basané et maigre, dont les cheveux blancs et plats tombaient des deux côtés de son visage. Les lignes, ou plutôt, comme Quin le disait de Macklin (1), les *cordes* de sa physionomie étaient si parfaitement adaptées à l'expression d'une dévotion ascétique, qu'elles n'y laissaient aucune place

---

(1) Acteurs comiques du théâtre anglais. — Éd.

pour exprimer une dissimulation astucieuse ou un esprit audacieux. En un mot, Trumbull offrait aux yeux un échantillon parfait de l'ancien puritain qui ne disait que ce qu'il croyait juste, qui n'agissait que d'après le principe du devoir, et qui, s'il commettait des erreurs, n'était coupable que parce qu'il croyait qu'il servait Dieu plutôt que les hommes.

— Avez-vous besoin de moi, monsieur ? demanda-t-il à Fairford, dont le guide s'était retiré en arrière comme pour éviter les reproches du rigide vieillard. Nous étions occupés. C'est aujourd'hui la veille du sabbat.

Toutes les idées qu'Alan Fairford s'était formées d'avance furent tellement dérangées par l'air et les manières de cet homme, qu'il se troubla un instant, et il aurait aussitôt pensé à donner le mot du guet à un ministre descendant de la chaire qu'au respectable père de famille qu'il venait d'interrompre dans les prières qu'il offrait au ciel pour les objets de ses soins, et en commun avec eux. Concluant à la hâte que M. Maxwell avait voulu s'amuser à ses dépens, ou que l'homme qu'il voyait n'était pas l'individu auquel il devait s'adresser, il lui demanda s'il parlait à M. Trumbull.

— A Thomas Trumbull, répondit le vieillard ; quelle peut être votre affaire, monsieur ? Et en même temps il jeta un coup d'œil sur le livre qu'il tenait en main en poussant un soupir semblable à celui d'un saint qui attend avec impatience l'instant où son ame sera affranchie des liens du corps.

— Connaissez-vous M. Maxwell de Summertrees?

— Son nom ne m'est pas inconnu, mais je n'ai aucune relation avec lui. C'est un papiste, dit-on, car la prostituée qui siège sur les sept montagnes ne cesse pas de verser la coupe de ses abominations dans ces cantons.

— C'est pourtant lui qui m'a adressé à vous, monsieur. Y a-t-il dans cette ville quelqu'un qui porte le même nom que vous?

— Personne, depuis qu'il a plu au ciel d'appeler à lui mon digne père. C'était une lumière dans Israël. Je vous souhaite le bonsoir, monsieur.

— Un instant, s'il vous plaît! C'est une affaire où il y va de la vie ou de la mort.

— Elle ne peut être plus pressante que celle de déposer où nous le devons le fardeau de nos péchés, dit Tom ou Thomas Trumbull en se disposant à fermer sa porte.

— Connaissez-vous le laird de Redgauntlet?

— Que le ciel me protège contre la trahison et la rébellion! s'écria Trumbull. Jeune homme, vous m'importunez. Je demeure ici avec des gens qui pensent comme moi, et je ne fais pas société avec des jacobites et des papistes.

Il sembla sur le point de fermer sa porte; mais il n'en fit rien: circonstance qu'Alan ne manqua pas de remarquer.

— On appelle quelquefois M. Redgauntlet Herries de Birrenswork. Peut-être le connaissez-vous mieux sous ce nom?

— Vous êtes peu civil, ami, répondit M. Trumbull. Les honnêtes gens ont assez à faire pour conserver l'honneur d'un seul nom. Je n'ai rien de commun avec ceux qui en portent deux. Bonsoir, l'ami.

Il allait fermer sa porte sans plus de cérémonie quand Fairford, qui avait cru remarquer dans sa physionomie que le nom de Redgauntlet ne lui était pas aussi indifférent qu'il le prétendait, arrêta l'exécution de son dessein en lui disant à voix basse : — Du moins vous pouvez me dire s'il fait clair de lune?

Le vieillard tressaillit comme s'il se fût éveillé en sursaut, et, avant de répondre, il jeta sur celui qui l'interrogeait ainsi un regard pénétrant qui semblait dire : — Possédez-vous réellement cette clef de ma confiance, ou parlez-vous ainsi par pur accident?

Alan répondit à ce coup d'œil de soupçon par un sourire significatif.

La physionomie du vieillard ne se dérida pourtant pas, et il répondit avec un air d'intelligence : — Pas assez pour débarquer une cargaison.

— Eh bien ! au diable les almanachs d'Aberdeen !

— Et au diable les fous qui perdent le temps ! s'écria Trumbull. Ne pouviez-vous commencer par me parler ainsi? et en pleine rue encore ! Allons, entrez, entrez vite?

Tirant Fairford par le bras, il le fit entrer dans le vestibule obscur de sa maison, et avançant la tête dans un appartement où le son des voix qu'on y entendait annonçait qu'il se trouvait plusieurs personnes, il dit tout haut : — Malachie ! Une œuvre de nécessité et de merci... Vous prendrez le livre, Malachie... Vous chanterez le cent dix-neuvième psaume, et vous lirez un chapitre des lamentations de Jérémie. Écoutez-moi, Malachie, ajouta-t-il en baissant la voix : ayez soin de leur servir un plat de doctrine qui puisse durer jusqu'à mon retour, sans quoi ces gens inconsidérés sortiront de la maison, courront dans les cabarets, perdront un temps précieux, et manqueront peut-être la marée du matin.

Quelques mots articulés à voix basse semblèrent annoncer l'assurance donnée par Malachie qu'il exécuterait ses ordres ; et M. Trumbull, fermant la porte à double tour, murmura à demi-voix : — Chose enfermée est plus en sûreté. — Il mit la clef dans sa poche, et, disant à Alan de prendre garde à ses pas, et de ne pas faire de bruit, il marcha devant lui. Ils traversèrent la maison, en sortirent par une porte de derrière, et entrèrent dans un petit jardin. Une allée sablée les conduisit, sans qu'aucun voisin pût les apercevoir, à une porte pratiquée dans le mur et qui donnait dans une écurie pour trois chevaux, mais où il ne s'en trouvait qu'un, qui se mit à hennir dès qu'ils entrèrent.

— Chut ! chut ! dit le vieillard ; il accompagna cette exhortation au silence de quelques poignées d'avoine qu'il jeta dans la mangeoire ; et le cheval, trouvant une occupation qui lui convenait, ne songea plus qu'à manger sa provende.

La clarté du jour commençant à disparaître, le vieillard, avec plus d'agilité qu'on n'aurait pu en supposer à son âge, ferma en un instant les volets de l'étable, prit une fiole de phosphore avec des allumettes, et alluma une lanterne d'écurie qu'il plaça sur le coffre à avoine. Se tournant alors vers Alan : — Nous sommes seuls ici, lui dit-il ; et, comme nous avons déjà perdu bien du temps, ayez la bonté de me dire quelle est votre mission. A-t-elle rapport au commerce ou à l'autre affaire ?

— Mon affaire avec vous, M. Trumbull, est de vous prier de me procurer le moyen de remettre au laird de Redgauntlet une lettre de M. Maxwell de Summertrees.

— Hum ! encore de l'embarras ! Maxwell sera toujours le même, toujours Tête-en-Péril, à ce que je vois. Montrez-moi cette lettre, s'il vous plaît.

Il l'examina avec grand soin, la tourna de tous les côtés, et en regarda le cachet avec attention.

— Tout est en règle, dit-il en la rendant, et elle porte la marque particulière qui annonce qu'il s'agit d'une affaire urgente. Je bénis mon Créateur de ce que je ne suis ni un des grands de ce monde, ni du nombre de leurs compagnons; et je ne prends part à ce qu'ils font que pour les aider, *et par suite d'affaires.* Vous êtes étranger à ce canton, à ce qu'il me semble?

Fairford répondit affirmativement.

— Je ne les ai jamais vus faire un choix plus sage. Il faut que j'appelle quelqu'un pour vous indiquer ce que vous avez à faire. Un moment! je crois qu'il vaut mieux que nous allions le trouver. Vous m'êtes particulièrement recommandé, jeune homme, et sans doute vous êtes discret; car vous allez voir ce que je ne montre pas à tout le monde, *par suite d'affaires.*

A ces mots il déposa la lanterne à terre, près d'un poteau qui semblait soutenir un des râteliers vides, et il poussa un petit ressort; le poteau, cédant à la main qui le poussait, découvrit une trappe fort étroite. — Suivez-moi, dit Trumbull à Fairford en descendant dans le souterrain auquel cette ouverture conduisait.

Alan le suivit, non sans quelques appréhensions de plus d'une espèce; mais il ne voulut pas renoncer à l'aventure.

L'escalier, qui n'avait guère que six pieds de profondeur, aboutissait à un passage si étroit qu'il semblait avoir été pratiqué tout exprès pour empêcher d'y passer quiconque aurait autour du corps un pouce d'embonpoint de plus que son conducteur. Au bout de ce corridor, ils arrivèrent dans une petite chambre dont le plafond formait une voûte d'environ huit pieds carrés. Là, M. Trumbull laissa Fairford seul, et retourna sur ses pas pour fermer la trappe, à ce qu'il lui dit.

Alan ne fut pas très-content de ce départ qui le laissa dans une obscurité profonde ; d'ailleurs il avait l'odorat désagréablement affecté par un mélange d'odeurs fortes dont la plus dominante était celle de l'eau-de-vie. Il entendit donc avec plaisir le bruit des pas de M. Trumbull qui revenait le joindre ; et celui-ci, en arrivant, ouvrit la porte aussi solide qu'étroite, et le fit entrer dans un immense magasin de barils d'eau-de-vie, et d'autres marchandises de contrebande.

A l'autre extrémité de cette voûte souterraine on apercevait une faible lumière qui, au bruit d'un coup de sifflet que M. Trumbull fit entendre avec précaution, commença à changer de place et à s'approcher d'eux. Une figure qu'on ne pouvait encore bien distinguer, tenant une lanterne sourde dont la clarté se portait en arrière, s'avança, et M. Trumbull lui dit : — Pourquoi n'êtes-vous pas venu aux prières, Job, aujourd'hui veille du sabbat ?

— Swanston chargeait la Jenny, monsieur, et je suis resté pour livrer les marchandises.

— C'est juste ; œuvre de nécessité, et *par suite d'affaires*. Jenny la Sauteuse fait-elle voile par cette marée ?

— Oui, monsieur ; elle fait voile pour...

— Je ne vous demande pas pour quel port elle fait voile, Job. Grace à mon Créateur, je ne sais pas où elle va, ni d'où elle vient. Je vends mes marchandises honorablement et *par suite d'affaires*, et je me lave les mains du reste. Mais ce que je désirerais savoir, c'est si celui qu'on nomme le Laird des Lacs du Solway est en ce moment de l'autre côté des frontières.

— Oui, oui : le Laird est un peu de mon métier, comme vous savez; un peu marchandise de contrebande. Il y a un statut pour lui; mais qu'importe? Il a passé les sables après le tapage qui a eu lieu quand on a détruit les filets du quaker. Mais un moment donc! sommes-nous seuls ici?

En parlant ainsi, il tourna tout à coup vers Alan Fairford le côté éclairé de sa lanterne sourde; et la lumière, qui tomba en passant sur celui qui la portait, fit voir au jeune avocat un homme robuste d'environ six pieds, avec un bonnet à poils sur la tête, et dont les traits étaient aussi durs que sa taille était haute. Il crut remarquer aussi des pistolets à sa ceinture.— Je réponds de ce jeune homme, dit M. Trumbull. Il est nécessaire qu'il parle au Laird.

— Il faudra un bon pilote pour l'y conduire; car on m'a dit que le Laird et ses gens n'étaient pas plus tôt de l'autre côté du Solway, qu'ils eurent sur le dos les requins de terre et quelques écrevisses à cheval (1) de Carlisle; de sorte qu'ils furent obligés de se séparer et de décamper. On assure qu'il y a de nouveaux balais pour en nettoyer le pays, et dans le fait la poursuite a été vive. On dit qu'un jeune homme a été noyé; mais il n'était pas de la troupe du Laird; ainsi ce n'est pas grand dommage.

— Silence, je vous prie, silence, Job Rutledge, dit

(1) Les commis des douanes ou de l'accise, et des dragons en uniforme écarlate. — Tr.

l'honnête et pacifique M. Trumbull. Je vous prie de vous souvenir que je ne veux rien savoir de vos tapages, de vos poursuites, de vos requins et de vos balais. Je demeure dans ma maison; je vends mes marchandises, *par suite d'affaires*, à celui qui vient les acheter, et je me lave les mains de toutes les conséquences, comme cela convient à un sujet paisible et à un honnête homme. Je ne reçois jamais en paiement que de l'argent comptant.

— Oui, oui, murmura l'homme à la lanterne, Votre Honneur sait parfaitement comment agir *par suite d'affaires...*

— Et j'espère que vous connaîtrez un jour, Job, la consolation d'avoir une conscience pure, et qui n'a rien à craindre des employés des douanes et de l'excise. Mais ce dont il s'agit en ce moment, c'est de faire passer ce jeune homme dans le Cumberland, pour affaire pressante, et de lui procurer une entrevue avec le Laird des Lacs. Je suppose que cela est possible. Or, je pense que Nanty Ewart, qui fait voile avec le brick ce matin, est l'homme qu'il nous faut pour le mettre sur la voie.

— Oui, oui; vous n'en pouvez trouver un meilleur. Personne n'a jamais mieux connu les frontières que Nanty Ewart, montagnes et vallées, bois et marécages. Personne ne peut mieux que lui trouver le Laird, si vous êtes sûr des intentions du jeune homme. Au surplus, c'est son affaire; car quand il serait le premier homme d'Écosse, fût-il même le président du maudit bureau des douanes, et eût-il cinquante Habits-Rouges sur ses talons, s'il allait trouver le Laird dans de mauvaises intentions, il n'en serait pas bon marchand. Quant à Nanty, il a le bras aussi prompt que la parole, et vaut dix fois ce Cristal Nixon dont ils font tant de bruit. Je les ai vus tous les deux à l'épreuve, et de par...!

Fairford en ce moment se crut obligé de dire quelque chose, et cependant, en se trouvant si complètement à la discrétion d'un hypocrite et d'un homme à ses ordres qui paraissait un scélérat déterminé, il éprouvait une difficulté à s'exprimer qu'augmentait l'odeur abominable qu'on respirait dans ce souterrain, et qui lui ôtait presque la respiration, quoiqu'elle ne fît aucune impression sur ses deux compagnons. Il parvint pourtant à lui dire qu'il n'avait aucune mauvaise intention contre celui qu'ils appelaient le Laird des Lacs, et qu'il était simplement porteur d'une lettre que lui avait écrite M. Maxwell de Summertrees pour cette affaire importante.

— C'est bon, c'est bon, dit Job; si M. Trumbull est sûr que la lettre est véritable, nous vous prendrons sur la Jenny, et Nanty Ewart vous mettra en bon chemin pour trouver le Laird; vous pouvez y compter.

— Et maintenant, dit Fairford, je présume que je puis retourner à l'auberge où j'ai laissé mon cheval et mon bagage.

— Pardon, répondit Trumbull, vous connaissez un peu trop nos affaires pour cela. Job va vous conduire dans un endroit où vous pourrez dormir fort à l'aise jusqu'à ce qu'il vous appelle. Je vous apporterai le peu de bagage dont vous avez besoin; car ceux qui entreprennent de pareilles missions ne doivent pas être trop recherchés dans leur toilette. Je veillerai moi-même à votre cheval; car l'homme miséricordieux doit l'être aussi pour sa monture, chose qu'on oublie souvent dans notre état, *par suite d'affaires*.

— M. Trumbull, répondit Job, vous savez que lorsqu'on donne la chasse à un navire, ce n'est pas le moment de carguer les voiles ; et c'est pourquoi on n'épargne ni le fouet ni l'éperon quand... Il s'interrompit en voyant que le vieillard avait disparu par la porte par où il était entré. — Voilà toujours ce que fait ce vieux Turnpenny (1), dit-il à Fairford, il ne se soucie de notre métier que pour le profit ; et moi, du diable si je ne le fais pas pour le plaisir de le faire. Mais allons, mon brave, je vais vous arrimer comme il faut, jusqu'à ce qu'il soit temps de vous rendre à bord.

(1) Sobriquet revenant à celui de *grippe-sou, pince-maille*. — Tr.

CHAPITRE XIII.

CONTINUATION DE LA NARRATION.

Fairford suivit son guide à figure rébarbative à travers un labyrinthe de barils et de tonneaux contre lesquels il pensa plus d'une fois se casser les jambes. Ils entrèrent ensuite dans un petit cabinet qui lui parut une espèce de bureau pour les écritures ; il y découvrit, à la clarté passagère de la lanterne sourde, une table sur laquelle étaient quelques registres, un pupitre, et tout ce qu'il faut pour écrire. La seule issue semblait être la porte par laquelle ils étaient entrés ; mais le contrebandier, ou l'allié du contrebandier, prit une petite échelle, et décrocha un vieux tableau qui couvrait une porte, à environ sept pieds du sol. Fairford, suivant toujours Job, se trouva alors dans un corridor obscur, étroit et tortueux, qui lui rappela le procès de son client Pierre Peebles.

Lorsque Alan eut tourné quelque temps dans ce labyrinthe, sans pouvoir se douter où on le conduisait, il se trouva, pour employer une expression française, complètement *désorienté*. Job, s'arrêtant tout à coup, ouvrit sa lanterne et s'en servit pour allumer deux chandelles qui étaient sur une table dans une chambre où ils venaient d'entrer ; et il demanda à Alan s'il voulait manger quelque chose, lui recommandant, dans tous les cas, de boire un verre d'eau-de-vie pour combattre l'air de la nuit. Fairford ne voulut rien prendre, et lui demanda s'il pourrait avoir son bagage.

—Le vieux Turnpenny y veillera lui-même, répondit Job Rutledge ; et, se retirant du côté par lequel il était entré, il disparut tout à coup, sans que Fairford pût voir par quelle issue il était sorti, les chandelles n'étant pas encore bien allumées. Le jeune avocat resta donc seul dans l'appartement où il était entré par un passage si singulier.

Son premier soin fut d'examiner avec attention l'endroit où il était. Ayant épanoui la mèche des chandelles, de manière à leur faire donner plus de clarté, il fit à pas lents le tour de l'appartement, dont il considéra avec attention l'ameublement et les dimensions : c'était une espèce de salle à manger telle qu'on en trouve chez les artisans et les marchands de moyenne classe ; un buffet était placé dans un enfoncement à l'une des extrémités, et les meubles n'avaient rien de remarquable. Alan trouva une porte qu'il chercha à ouvrir, mais elle était fermée à l'extérieur ; une autre porte, percée du même côté de l'appartement, lui donna entrée dans un petit cabinet ; des tablettes, appuyées sur des tasseaux attachés à la muraille, soutenaient des bols à punch, des verres, des tasses et autres objets. A un porte-manteau était suspendue une grande redingote d'étoffe grossière, de la poche de laquelle sortait le canon de deux pistolets d'arçon ; par terre on voyait une paire de bottes telles qu'on en portait alors pour faire de longs voyages.

Peu satisfait de ce qu'il voyait dans ce cabinet, Alan Fairford en sortit, en ferma la porte, et continua ses recherches le long des murs de l'appartement, pour reconnaître par où Job Rutledge était parti; mais le passage secret était trop bien caché pour qu'il pût le découvrir, et il ne lui resta rien de mieux à faire que de réfléchir sur la singularité de sa situation.

Il savait depuis long-temps que les lois sur les douanes et l'excise avaient occasioné entre l'Écosse et l'Angleterre un commerce de contrebande très-actif qui existait alors comme il existe aujourd'hui, et qui continuera à exister jusqu'à ce qu'on ait entièrement renoncé à ce misérable système qui établit un tarif de droits différens pour les diverses parties du même royaume; système qui, soit dit en passant, ressemble beaucoup à la conduite d'un lutteur qui se lierait un bras pour mieux combattre de l'autre; mais Fairford n'était pas préparé à voir un établissement de ce négoce illicite, aussi étendu, aussi régulier, aussi coûteux que celui qu'il avait sous les yeux, et il n'aurait pas cru que le profit qu'on en pourrait retirer fût suffisant pour indemniser des dépenses qu'il avait fallu faire pour construire des bâtimens si considérables, et y pratiquer toutes ces communications secrètes. Il réfléchissait sur toutes ces circonstances, non sans quelque inquiétude pour les suites du voyage qu'il allait faire, quand tout à coup, levant les yeux, il découvrit le vieux Trumbull à l'autre coin de l'appartement, tenant d'une main un très-petit paquet, et de l'autre sa lanterne sourde, dont il dirigea la clarté sur Fairford en avançant vers lui.

Quoiqu'il s'attendît à cette apparition, ce ne fut pas sans émotion qu'il vit ce vieillard à visage sérieux et austère se présenter si soudainement à lui; surtout en songeant, ce qui répugnait particulièrement à un jeune homme élevé dans des principes de piété, que cet hypocrite à cheveux gris venait peut-être d'adresser des prières au ciel, à l'instant où il allait s'occuper des intérêts d'un commerce illicite.

Le vieillard, accoutumé à juger, avec autant de promptitude que de discernement, la physionomie de ceux avec qui il avait à traiter, ne manqua pas de remarquer en Fairford une sorte d'agitation.

— Eh bien! lui dit-il, vous repentez-vous? Faut-il ôter la botte de foin à votre monture? renoncez-vous à aller plus loin?

— Non certainement, répondit avec fermeté Fairford, stimulé par son courage naturel et par le souvenir de son ami; je n'y renoncerai jamais tant que la vie et la force me resteront.

— En ce cas je vous apporte une chemise et une paire de bas enveloppées dans un mouchoir. C'est tout le bagage que vous pouvez convenablement emporter; et je dirai à un des marins de vous prêter une redingote, car il n'est pas prudent de naviguer sans en avoir une. Quant à votre valise, fût-elle pleine de l'or d'Ophir, il serait aussi en sûreté dans ma maison que s'il était encore dans les profondeurs de la mine.

— Je n'en ai pas le moindre doute.

— Et maintenant dites-moi par quel nom je dois vous

faire connaître à Nanty (c'est-à-dire Antoine) Ewart.

— Par celui d'Alan Fairford.

— Mais ce sont vos nom et prénom véritables.

— Et pourquoi en prendrais-je d'autres? Croyez-vous que j'aie quelques raisons pour les cacher? D'ailleurs, M. Trumbull, dit Alan, croyant qu'une plaisanterie pouvait prouver qu'il avait l'esprit tranquille, je vous ai entendu vous féliciter, il n'y a pas bien longtemps, de ce que vous n'aviez rien de commun avec les gens qui en portent deux.

— C'est vrai, jeune homme, c'est vrai; et cependant mes cheveux blancs n'ont rien à redouter de ce reproche; car lorsque, *par suite d'affaires*, je suis assis à l'ombre de ma vigne et de mon figuier, échangeant les liqueurs spiritueuses du nord pour l'or qui en est le prix, je n'ai, grace au ciel, nul besoin de déguiser mon nom à qui que ce soit, et je porte le mien, celui de Thomas Trumbull, sans aucune crainte d'avoir à en rougir. Mais vous qui allez voyager dans les marécages avec des étrangers, vous ne feriez pas mal d'en avoir deux, comme vous avez deux chemises pour en mettre une blanche au besoin.

Ici il fit entendre une espèce de grognement sourd qui dura exactement le temps de deux vibrations de pendule, seule manière dont on eût jamais entendu rire le vieux Turnpenny, comme on le surnommait.

— Vous êtes plaisant, M. Trumbull, dit Fairford; mais une plaisanterie n'est pas un argument. Je conserverai le nom qui m'appartient.

— Comme il vous plaira, répondit Turnpenny; *il n'y a qu'un seul nom...*

Nous n'achèverons pas la citation impie des paroles

saintes que fit le vieil hypocrite, pour terminer cette discussion.

Alan le suivit, avec une horreur silencieuse, vers le renfoncement dans lequel un buffet était placé, et où se trouvait cachée, avec beaucoup d'art, une autre de ces trappes qui semblaient en si grand nombre dans tout le bâtiment. Cette issue les conduisit dans le même corridor tortueux où le jeune avocat avait déjà passé; mais la direction que suivit Trumbull était différente de celle qu'avait prise Job Rutledge. Le chemin allait toujours en montant, et il se termina à la fenêtre d'un grenier. Trumbull l'ouvrit, et monta sur le toit avec plus d'agilité que n'en promettait son âge. Si Fairford avait voyagé jusque-là à travers l'air étouffé de souterrains obscurs, il se trouvait alors dans une atmosphère plus pure et toute différente, car il eut à suivre son guide sur les plombs et les ardoises, où celui-ci marchait avec la dextérité d'un chat. Il est vrai qu'il était facilité dans sa marche par la connaissance qu'il avait des lieux, de sorte qu'il savait parfaitement où il pouvait mettre le pied sans danger. Fairford, au contraire, ne pouvait marcher que d'un pas incertain. Enfin, après un voyage difficile et quelquefois périlleux sur les toits de deux ou trois maisons, ils en descendirent par la lucarne d'un grenier, où ils trouvèrent un escalier qui les conduisit au second étage. Cette maison paraissait un cabaret; car, indépendamment du bruit des sonnettes, on entendait crier : — Holà! garçon! la maison! ici! — sans parler de différentes voix qui chantaient en chœur des chansons navales.

En arrivant au second étage, M. Trumbull tira trois fois de suite le cordon d'une sonnette, mais en séparant chaque vibration par un interval égal, qu'il mesura en comptant depuis un jusqu'à vingt. A peine avait-il sonné la troisième fois, que l'hôte arriva à pas dérobés et avec un air de mystère. Il salua M. Trumbull, qui, comme on le verra bientôt, était son propriétaire, avec le plus grand respect, et lui témoigna quelque surprise de le voir si tard un samedi soir.

— Et moi, Robin Hastie, dit le propriétaire à son locataire, je suis plus surpris que satisfait d'entendre tant de bruit dans votre maison, quand nous touchons de si près au jour honorable du sabbat. Je dois vous rappeler que c'est contrevenir aux conditions de votre bail, par lesquelles il est stipulé que vous ne recevrez personne chez vous le samedi soir passé neuf heures au plus tard.

— Sans doute, monsieur, répondit Robin Hastie, qui ne parut nullement alarmé de ce ton de gravité; mais vous voudrez bien faire attention que je n'y ai reçu passé neuf heures personne que vous, M. Trumbull, à qui je ne pouvais refuser la porte, puisque vous n'en avez point fait usage, soit dit en passant. Les gens que vous entendez là-bas y sont depuis plusieurs heures, tout en s'occupant du chargement du brick. Faut-il que je les jette dans la rue? La marée n'a pas encore fini de monter; ils s'en iraient dans un autre cabaret; leur ame ne s'en trouverait pas mieux, et ma bourse s'en trouverait plus mal. Et comment paierai-je mes loyers si je manque l'occasion de vendre?

— Si c'est une œuvre de nécessité et d'honnête dépendance, dit Thomas Trumbull, et que cela soit arrivé *par suite d'affaires,* sans doute c'est le baume de Gilead. Mais je vous prie, Robin, d'aller voir si Nanty

Ewart est parmi ces ivrognes. Si vous l'y trouvez, comme cela est probable, faites-le monter ici sans bruit, attendu que ce jeune homme et moi nous avons à lui parler. Et comme la conversation altère, vous aurez soin de nous préparer un bol de punch. Vous connaissez ma jauge ?

— Depuis un mutchkin jusqu'à un gallon, M. Trumbull. Je connais le goût de Votre Honneur, et je vous permets de me faire pendre à mon enseigne si vous y trouvez une goutte de jus de citron de plus que vous ne le désirez, ou un morceau de sucre de moins qu'il ne vous en faut. Voyons, vous êtes trois : il vous faudra la grande mesure d'Écosse, pour boire au succès du voyage.

— Au lieu d'y boire, Robin, il faut prier pour l'obtenir. Votre métier est dangereux pour l'ame de l'hôte comme pour celle de ses pratiques. Eh bien, vous prendrez le bol bleu; cela apaisera leur soif, et les empêchera de retomber dans le péché de boire la veille du sabbat. Ah, Robin! c'est bien dommage que Nanty Ewart aime tant à lever le coude! Et cependant nous ne pouvons l'en empêcher, pourvu qu'il lui reste assez de jugement pour commander la manœuvre.

— Nanty Ewart conduirait un navire à travers le golfe de Pentland, quand même il aurait bu la mer Baltique, dit Robin Hastie. Et descendant à pas précipités, il ne tarda pas à revenir avec ce qu'il appelait son bassin, qui se composait de quatre pintes (d'Angleterre) d'eau-de-vie versées dans un énorme bol de verre bleu, avec tous les ingrédiens nécessaires pour le punch, en proportions non moins formidables. Il était accompagné de M. Antoine ou Nanty Ewart, qui, quoique déjà un peu échauffé par la boisson, était tout différent de ce que Fairford s'attendait à voir en lui. Son costume manquait de fraîcheur plutôt que d'élégance. Il se composait d'un habit de drap garni de galons ternis, d'une petit chapeau à cornes galonné de même, de culottes de même drap que l'habit, et avec de nouveaux galons aux jarretières, d'un gilet écarlate dont la broderie était complètement fanée, d'un petit sabre à son côté, et d'une paire de pistolets passés dans un ceinturon qui paraissait avoir fait du service.

— Me voici, Patron ! dit-il en secouant la main de M. Trumbull ; je vois avec plaisir que vous avez fait mettre à bord une ration de *grog*.

— Vous savez, M. Ewart, répondit le vieillard d'un air grave, que je ne suis pas dans l'usage de venir faire des orgies à une pareille heure, et surtout la veille du sabbat ; mais j'avais besoin de vous recommander particulièrement un jeune homme des nôtres, chargé de porter une lettre à notre ami le Laird des Lacs, de la part de Tête-en-Péril, comme on l'appelle.

— Oui-da ! Eh bien, il faut qu'on ait grande confiance en lui, car il est bien jeune. Je vous souhaite beaucoup de plaisir, monsieur, dit Nanty à Fairford ; par Notre-Dame, comme dit Shakspeare, vous portez un cou vers une belle fin. Allons, Patron, nous boirons à la santé de monsieur... Comment l'appelez-vous ? Quel est son nom ? Me l'avez-vous dit ? L'aurais-je déjà oublié ?

— M. Alan Fairford, répondit Trumbull.

— Fairford ! excellent nom pour un franc commerçant (1) ! M. Alan Fairford, à votre santé ; et puissiez-

(1) C'est-à-dire pour un contrebandier. *Fair ford* signifie bon gué, gué facile. — Éd.

vous être long-temps à parvenir au plus haut degré de votre ambition, ce que je regarde comme le dernier échelon d'une certaine échelle.

Tout en parlant ainsi, il s'était emparé de la cuillère à punch, et il commençait à remplir les verres ; mais M. Trumbull lui arrêta la main, en lui disant qu'il fallait qu'il sanctifiât d'abord cette boisson par une prière. Il en prononça une fort longue, et si ses yeux se fermèrent pendant ce temps, ses narines se dilatèrent de manière à prouver qu'il respirait avec une satisfaction particulière les vapeurs qui s'élevaient du breuvage parfumé.

Quand la prière fut enfin terminée, les trois amis s'assirent autour d'une table, et invitèrent Fairford à en faire autant. Mais Alan, toujours un peu inquiet de sa situation, et dégoûté de la compagnie dans laquelle il se trouvait, demanda, sous prétexte de fatigue, la permission de se jeter sur un sopha qui était dans l'appartement, et ce ne fut pas sans peine qu'il l'obtint : s'y étant étendu, il chercha à goûter quelque repos avant l'heure de la haute marée, qui devait être celle du départ.

Il eut pourtant quelque temps les yeux fixés sur les trois buveurs, et chercha à entendre quelques mots de leur conversation ; mais il trouva bientôt qu'il prenait une peine inutile, car le peu qui arrivait jusqu'à ses oreilles était tellement déguisé par ce patois qu'on appelle le latin des voleurs (1), c'est-à-dire des expressions qui ne peuvent être comprises que par les initiés, que, même quand il entendait les paroles, il ne pouvait rien comprendre au sujet de l'entretien.

(1) *Thieves latin called Slang.* — Éd.

NARRATION.

Ce fut après avoir sommeillé trois ou quatre heures, qu'il fut éveillé par le son de plusieurs voix qui lui disaient de se lever et de se préparer à partir. Il se leva sur-le-champ, et retrouva encore attablés les trois joyeux compagnons, qui venaient de finir leur énorme bol de punch. A la grande surprise d'Alan, cette quantité de breuvage n'avait produit que peu d'effet sur leurs trois cerveaux : c'étaient des hommes habitués à boire d'une manière désordonnée, et à toutes les heures du jour. — A la vérité Robin Hastie avait la langue un peu épaisse, et M. Thomas Trumbull ne débitait ses textes qu'en bégayant ; mais Nanty était un de ces buveurs qui étant de bonne heure, ce que les bons vivans appellent *en train*, en restent au même point toute la journée et toute la nuit, de sorte qu'étant toujours à demi ivres, ils ne le deviennent jamais complètement. Dans le fait, si Fairford n'eût pas su comment Ewart avait employé son temps pendant qu'il passait lui-même le sien à dormir, il aurait presque juré, en s'éveillant, que le capitaine du brick était alors moins ivre que lorsqu'il était entré dans la chambre.

Il fut confirmé plus que jamais dans cette opinion, lorsque, étant descendu, il trouva au rez-de-chaussée quelques matelots à figure patibulaire, qui attendaient des ordres. — Il entendit Ewart les leur donner avec précision et clarté, en veillant à ce qu'ils fussent exécutés avec le silence et la célérité que le cas exigeait. Ils furent ensuite renvoyés au brick, qui, comme on le dit à Fairford, était à l'ancre un peu plus bas, la rivière étant navigable pour les bâtimens tirant peu d'eau, jusqu'à environ un mille de la ville.

Lorsqu'ils sortirent du cabaret, Robin Hastie leur fit

ses adieux. Le vieux Trumbull les accompagna jusqu'à une certaine distance; mais le grand air produisit sans doute un effet pernicieux sur son cerveau, car, après avoir rappelé à Fairford que le lendemain était le jour honorable du sabbat, il se perdit dans une longue exhortation. Enfin, sentant peut-être lui-même qu'il devenait inintelligible, il tira de sa poche un petit livre, le remit à Fairford, et lui dit, avec un hoquet : — Excellent livre, excellent livre; de belles hymnes, dignes du jour honorable du sabbat qui arrive demain.

En ce moment, l'horloge annonça cinq heures, du haut du clocher de l'église d'Annan, ce qui augmenta la confusion du cerveau déjà troublé de M. Trumbull.

— Quoi! s'écria-t-il, le jour du sabbat est-il déjà venu et parti? Le ciel soit loué! Seulement il est singulier que la soirée soit si obscure à cette époque de l'année. Eh bien! le sabbat s'est passé tranquillement. Je n'ai pas bien entendu le sermon. C'est sans doute un froid moraliste qui l'a prononcé. Mais la prière, ah! je m'en souviens comme si je l'avais faite moi-même. — Ici il répéta une ou deux oraisons qui faisaient probablement partie de ses prières de famille à l'instant où il les avait interrompues, comme il le disait, pour une œuvre de nécessité, et *par suite d'affaires*. Je ne me souviens pas, ajouta-t-il, d'avoir si bien passé un jour de sabbat. — Recueillant un instant ses idées, il dit à Fairford : — Vous pouvez lire également ce livre demain, quoique ce soit lundi; car, voyez-vous, c'est samedi que vous êtes arrivé; c'est aujourd'hui dimanche et il fait déjà nuit; de sorte que le jour honorable du sabbat nous a glissé entre les doigts, comme l'eau coule à travers un tamis, et nous aurons encore à nous livrer demain à ces travaux pénibles, vils, sordides, terrestres, indignes d'une ame immortelle, excepté quand c'est *par suite d'affaires.*

Trois des hommes qui s'étaient occupés du chargement retournaient alors à la ville; et, par ordre d'Ewart, deux d'entre eux coupèrent court à l'exhortation du patriarche en le prenant sous le bras pour le reconduire chez lui. Le reste de la compagnie se rendit au brick, qui n'attendait que leur arrivée pour lever l'ancre et descendre la rivière. Nanty Ewart se mit sur-le-champ au gouvernail, et l'on eût dit qu'il n'avait besoin que de le toucher pour que les restes de l'influence de la liqueur qu'il avait bue se dissipassent complètement; car, quoique la navigation de ce canal fût difficile, il dirigea la course de son petit navire avec autant de sang-froid que d'habileté.

Alan Fairford profita quelque temps de la beauté d'une matinée d'été pour contempler les rives, encore à demi perdues dans l'obscurité, entre lesquelles il voguait, et qui devenaient moins distinctes à mesure que le canal s'élargissait. Enfin, se faisant un oreiller de son petit paquet, et s'enveloppant de la redingote que M. Trumbull lui avait fait donner en sortant du cabaret, il s'étendit sur le tillac pour tâcher de retrouver le sommeil auquel il se livrait quand on l'avait éveillé. A peine commençait-il à s'assoupir, qu'il sentit quelque chose qui le touchait. Il eut assez de présence d'esprit pour se rappeler sa situation, et résolut de ne montrer aucune alarme avant d'être bien assuré des intentions qu'on pouvait avoir sur lui. Mais il fut bientôt tiré d'inquiétude lorsque, entr'ouvrant les yeux, il vit que c'é-

20.

tait **Nanty Ewart** qui avait l'attention d'étendre sur lui un grand manteau, aussi doucement qu'il le pouvait, pour le garantir du froid du matin.

— Tu n'es encore qu'un jeune coq, disait-il en même temps, et ce serait dommage que tu fusses renversé du perchoir avant d'avoir un peu mieux goûté les douceurs et les amertumes de ce monde. Et cependant, s'il doit te traiter comme il traite presque tous les autres, le mieux serait de te laisser courir la chance d'une bonne fièvre.

Ces paroles et l'attention avec laquelle le capitaine du petit brick couvrait Fairford de son manteau inspirèrent au jeune avocat une confiance qu'il n'avait pas encore éprouvée, et il ne douta plus qu'il ne fût en sûreté avec cet homme. Il s'étendit plus tranquillement sur le plancher, et ne tarda pas à s'endormir; mais son sommeil ne fut pas calme.

Nous avons déjà dit qu'Alan Fairford tenait de sa mère une constitution délicate et une disposition à la consomption. Étant fils unique, et donnant de tels sujets de crainte, il avait été l'objet de soins presque excessifs. On avait eu la plus grande attention de ne jamais le laisser coucher dans un lit humide, de veiller à ce qu'il n'eût pas les pieds mouillés, en un mot de le garantir de mille petits inconvéniens auxquels les enfans d'une plus haute naissance, mais d'un tempérament plus robuste, sont en général habitués en Écosse. Dans l'espèce humaine la force d'esprit soutient la faiblesse de la constitution, comme dans les tribus ailées les plumes soutiennent le poids du corps. Mais la nature a mis des bornes à l'exercice de ces facultés; et, de même que les ailes de l'oiseau finissent par se fatiguer, ainsi la *vis animi* de l'homme s'épuise nécessairement à la longue.

Quand notre jeune voyageur fut éveillé par la lumière du soleil, déjà bien près de son midi, il se trouva accablé par un mal de tête presque insupportable, accompagné d'une chaleur brûlante, d'une soif ardente, de douleurs dans les reins, en un mot de tous les symptômes qui annoncent la fièvre. La manière dont il venait de passer les dernières vingt-quatre heures n'aurait peut-être eu aucune suite fâcheuse pour la plupart des jeunes gens ; mais cette épreuve eut des conséquences funestes pour lui, dont la constitution naturellement délicate l'était devenue encore davantage par les soins excessifs qu'on en avait pris; il le sentit lui-même, et cependant il cherchait à combattre le malaise qu'il éprouvait, et qu'à la vérité il attribuait principalement au mal de mer. Assis sur le pont, il regardait la perspective qui l'entourait, tandis que le navire, étant sorti du golfe du Solway, s'avançait vers le sud, favorisé par un vent du nord, passait devant l'embouchure de Wampool, et se préparait à doubler la pointe septentrionale du Cumberland.

Mais il avait beau faire; il était accablé autant par ce mal cruel, tribut que paient à la mer ceux qui n'y sont pas habitués, que par des douleurs d'une nature plus aiguë et plus inquiétante. Ni le Griffel, s'élevant majestueusement d'un côté, ni le Skiddaw et le Glaramara, se dessinant de l'autre dans l'éloignement d'une manière encore plus pittoresque, ne pouvaient obtenir de lui l'attention qu'il accordait ordinairement aux beautés de la nature, surtout quand elles lui offraient quelque chose de nouveau et de frappant. Cependant il n'était pas dans le caractère de Fairford de céder à la douleur et de s'abandonner au découragement. Il eut d'abord recours à sa poche; mais au lieu du petit Salluste qu'il avait pris pour compagnon de voyage, afin que la lecture de son auteur classique favori charmât l'ennui de quelques heures d'oisiveté forcée, il en tira le prétendu recueil d'hymnes que lui avait donné quelques heures auparavant cet homme sage et scrupuleux, M. Thomas Trumbull, autrement dit Turnpenny. Ce volume était relié en maroquin noir, et l'extérieur aurait parfaitement convenu à un psautier. Mais quel fut l'étonnement d'Alan, en jetant les yeux sur le titre, d'y lire les mots suivans: *Pensées joyeuses pour les gens joyeux*, ou *Moyen de passer gaiement le temps*, *par la mère Minuit*. Et, en tournant rapidement quelques feuilles, il vit que c'était un recueil de contes licencieux et de chansons obscènes, orné de gravures dignes du texte.

— Juste ciel! pensa-t-il, est-il possible que ce réprouvé en cheveux blancs rassemble sa famille pour s'approcher du trône de son créateur avec un pareil recueil d'infamies dans sa poche?

Le fait pourtant n'était que trop vrai. La reliure de ce livre était semblable à celles qu'on emploie ordinairement pour les ouvrages de dévotion, et le misérable, dans son ivresse, avait sans doute confondu les deux volumes qu'il avait sur lui, comme il s'était trompé sur les jours de la semaine. Saisi du dégoût qu'inspirent ordinairement à un jeune homme vertueux les vices de la vieillesse, Alan ferma le livre avec un mouvement d'indignation, et le lança dans la mer aussi loin qu'il le put; il eut alors recours à son Salluste, qu'il avait eu d'abord intention de prendre. A l'instant où il l'ouvrait,

Nanty Ewart, qui, placé derrière lui, avait vu toute cette scène, lui en fit connaître son opinion.

— Camarade, lui dit-il, si vous êtes tellement scandalisé de quelques chansons joviales qui, après tout, ne font de mal à personne, vous auriez mieux fait de me donner ce livre que de le jeter à la mer.

— J'espère, monsieur, lui répondit Fairford d'un ton civil, que vous êtes dans l'usage d'en lire de meilleurs.

— Par ma foi! répondit Nanty, si l'édition est bien imprimée, je pourrais lire mon Salluste aussi bien que vous. Et, prenant le livre des mains d'Alan, il commença à lire avec l'accent Écossais. — *Igitur ex divitiis juventutem luxuria atque avaritia cum superbiâ invasere; rapere, consumere, sua parvi pendere, aliena cupere; pudorem, amicitiam, divina atque humana promiscua: nihil pensi neque moderati habere* (1). Voilà un fameux soufflet pour un brave garçon qui fait le métier de flibustier! — « Qui n'ont jamais su conserver ce qui leur appartenait » et à qui le bien des autres donnait des démangeaisons » au bout des doigts, » — dites-vous? Fi, fi! ami Crispus, ta morale est aussi austère et aussi serrée que ta manière d'écrire. L'une n'a pas plus d'indulgence que l'autre n'a de graces. Sur mon ame! il n'est pas honnête de chercher querelle à une vieille connaissance qui voudrait renouer commerce avec vous après une sépa-

---

(1) C'est pourquoi après les richesses, le luxe, l'orgueil et la cupidité s'emparèrent du cœur de la jeunesse. Elle ne songea plus qu'à piller et à dissiper; elle prodigua ses biens, convoita ceux des autres; méprisa l'honneur, l'amitié, la pudeur, toutes les lois divines et humaines; ne connut plus la retenue ni la modération. — Éd.

ration de près de vingt ans. Par ma foi ! M. Salluste, vous mériteriez mieux que la mère Minuit d'aller flotter sur l'Océan.

— Sous certains rapports il peut mériter de nous un meilleur traitement ; car, s'il peint le vice sous de vives couleurs, il paraît que c'est pour en inspirer l'horreur.

— Eh bien, j'ai entendu parler des *sortes Virgilianæ*, mais j'ose dire que les *sortes Salustianæ* ne sont pas moins véridiques. Je viens de consulter l'honnête Crispus pour mon propre compte, et j'ai eu un bon soufflet pour mes peines ; maintenant j'ouvre le livre pour vous, et voyons ce qui me tombe sous les yeux. Écoutez : *Catilina.... omnium flagitiosorum atque facinorosorum circum se, tanquam stipatorum, catervas habebat.* Et plus loin : — *Etiam, si quis à culpâ vacuus in amicitiam ejus inciderat, quotidiano usu par simulisque cæteris efficiebatur* (1) ! Voilà ce que j'appelle parler clairement, mon ancien Romain. N'est-il pas vrai, M. Fairword ? et, soit dit en passant, c'est un excellent nom pour un homme de loi (2).

— Mon nom est Fairford, répondit Alan, et tout homme de loi que je suis, je ne comprends pas ce que vous voulez me donner à entendre.

— Eh bien donc, je vais essayer une autre manière, aussi bien que ce vieux coquin d'hypocrite Turnpenny pourrait le faire lui-même, car il est bon que vous sa-

---

(1) Catilina... était toujours entouré d'hommes débauchés et corrompus. — Si même un homme exempt de vices avait le malheur de devenir son ami, l'habitude journalière le rendait semblable et égal aux autres. — Éd.

(2) *Fair word*, pour Fairford, signifie littéralement *belles paroles*... Ces sortes de quiproquos volontaires sont très-fréquens dans les scènes comiques anglaises. — Éd.

chiez que je connais ma Bible aussi bien que mon ami Salluste.—Et, imitant le ton et l'accent du vieux Trumbull, il prononça le passage suivant : — En conséquence David partit et se réfugia dans la caverne d'Adullam; et tous ceux qui étaient dans la détresse, tous ceux qui avaient des dettes, tous ceux qui étaient mécontens, se rassemblèrent autour de lui, et il devint leur capitaine. — Que pensez-vous de cela? lui demanda-t-il en changeant soudain de ton; me comprenez-vous à présent?

— J'en suis aussi loin que jamais.

— Comment diable! Et vous êtes un frégate voilière communiquant de Summertrees au Laird des Lacs! Dites cela aux soldats de marine, les matelots n'en croiront rien (1). Mais vous avez raison d'être prudent, puisque vous ne pouvez savoir à qui vous donneriez votre confiance. Non; mais vous n'avez pas trop bon visage; c'est sans doute l'air froid du matin. Voulez-vous un pot de *flip* (2), ou une pinte de *rumbo* chaud (3)? — ou voulez-vous nouer le gros câble? (Montrant un flacon d'eau-de-vie.) Voulez-vous une chique (4), une pipe, un cigarre, une prise de tabac du moins? cela vous soulagera le cerveau et éclaircira vos idées.

Fairford n'accepta aucune de ces offres amicales.

---

(1) Phrase proverbiale qui exprime le mépris qu'inspiraient autrefois aux marins les soldats de marine, et en général plus encore les hommes de terre. — Éd.

(2) Un composé de bière, d'eau-de-vie, de sucre et de citron.
Éd

(3) Rum, eau et sucre. — Éd.

(4) *A quid*, du tabac à mâcher. Dans toutes ces expressions, le marin se sert des termes de son argot d'ivrogne ou de matelot
Éd.

— Eh bien donc, si vous ne voulez rien faire en l'honneur de la liberté du commerce, il faut que je m'en charge moi-même.

Et prenant un flacon du cuir suspendu à son côté, il but sans hésiter un grand trait d'eau-de-vie.

— C'est du poil de chien qui m'a mordu, dit-il ensuite, du chien qui me tuera quelque jour, et pourtant, maudit idiot que je suis, il faut que je l'aie toujours à la gorge. Mais vous savez le vieux refrain. — Et il se mit à chanter d'une voix fort agréable :

> Buvons tandis que nous vivons ;
> Nous ne boirons plus dans la tombe.

— Pourtant tout cela n'est pas un remède contre le mal de tête, ajouta-t-il ; je voudrais avoir quelque chose qui pût vous faire du bien. Mais, par ma foi, nous avons à bord du thé et du café. Je vais faire ouvrir une caisse ou un sac, et vous en aurez dans un instant. Vous êtes à un âge où l'on préfère encore ces pauvres breuvages à quelque chose de plus substantiel.

Fairford le remercia, et lui dit qu'il prendrait volontiers une tasse de thé.

A l'instant on entendit Nanty Ewart crier à haute voix : — Défoncez cette caisse, et prenez-y plein votre chapeau de thé, bâtard de singe que vous êtes ; nous pouvons en avoir besoin une autre fois. Il n'y a pas de sucre ; on a tout employé pour le grog, dites-vous ? Eh bien, ne pouvez-vous en prendre un autre pain ? Allons, dépêchez-vous, fils de Belzébuth, et que l'eau bouille avant que j'aie le temps de la demander !

Graces à ces mesures énergiques, il fut en état de revenir au bout de quelques instants à l'endroit où il avait laissé son passager souffrant et épuisé, avec une jatte ou plutôt un saladier plein de thé; car tout se faisait en grand à bord de la Jenny-la-Sauteuse. Alan le but avec tant de plaisir, et parut ensuite tellement soulagé, que Nanty Ewart jura qu'il en boirait aussi; et il ne fit qu'en modérer la force, comme il le dit, en y ajoutant un grand verre d'eau-de-vie.

FIN DU TOME SECOND.

AVIS.

Les pages 171 — 172, 177 — 178, que MM. les souscripteurs trouveront jointes à cette livraison, sont destinées à remplacer celles portant la même pagination dans le tome XXX (tome II de *La Fiancée de Lammermoor*), qui fait partie de la 11me livraison. La transposition d'une ligne à la page 177 nécessite ce remplacement.

ŒUVRES COMPLÈTES
DE
SIR WALTER SCOTT.

Cette édition sera précédée d'une notice historique et littéraire sur l'auteur et ses écrits. Elle formera soixante-douze volumes in-dix-huit, imprimés en caractères neufs de la fonderie de Firmin Didot, sur papier jésus vélin superfin satiné; ornés de 72 *gravures en taille-douce* d'après les dessins d'Alex. Desenne; de 72 *vues ou vignettes* d'après les dessins de Finden, Heath, Westall, Alfred et Tony Johannot, etc., exécutées par les meilleurs artistes français et anglais; de 30 *cartes géographiques* destinées spécialement à chaque ouvrage; d'une *carte générale de l'Écosse* et d'un *fac-simile* d'une lettre de Sir Walter Scott, adressée à M. Defauconpret, traducteur de ses œuvres.

CONDITIONS DE LA SOUSCRIPTION.

Les 72 volumes in-18 paraîtront par livraisons de 3 volumes de mois en mois; chaque volume sera orné d'une *gravure en taille-douce* et d'un titre gravé, avec une *vue ou vignette*, et chaque livraison sera accompagnée d'une ou deux *cartes géographiques*.

Les *planches* seront réunies en un cahier séparé formant atlas.

Le prix de la livraison, pour les souscripteurs, est de 12 fr. et de 20 fr. avec les gravures avant la lettre.

Depuis la publication de la 3e livraison, les prix sont portés à 15 fr. et à 30 fr.

ON NE PAIE RIEN D'AVANCE.

pour être souscripteur il suffit de se faire inscrire à Paris

Chez les Éditeurs :

A. SAUTELET ET C°,	CHARLES GOSSELIN, LIBRAIRE
LIBRAIRES,	DE S. A. R. M. LE DUC DE BORDEAUX,
Place de la Bourse.	Rue St.-Germain-des-Prés, n. 9

www.ingramcontent.com/pod-product-compliance
Lightning Source LLC
Chambersburg PA
CBHW062234180426
43200CB00035B/1730